05

出版行思录

刘伯根 著

第一现场

第三只眼

人民出版社

◇ 本卷说明 ◇

包括《第一现场》和《第三只眼》两辑。上辑《第一现场》主要收录作者 2006 年至 2017 年间在重要出版活动中的讲话、致辞等，计 67 篇，是很多重要作品、重要活动的现场重现。下辑《第三只眼》主要收录 2010 年至 2016 年间媒体记者对作者的采访，以及出版人对作者的评论等，计 12 篇。

目 录

第一现场

第三只眼

第一现场

让我们彼此"阅读"★

俄罗斯人民是中国人民亲切的朋友，俄罗斯是许许多多中国人的心中温暖、美好而年轻的记忆。苏俄文学大量传播到中国，对中国青年的启蒙和成长产生过重要影响。苏俄文学对苦难的抒写、对革命的崇拜、对人性的张扬，超越了地缘，让我们彼此亲近。《钢铁是怎样炼成的》《静静的顿河》《战争与和平》《复活》等等，这些优秀的苏俄经典文学作品，为几亿中国读者所耳熟能详，常读常新；还有《莫斯科郊外的晚上》《红莓花儿开》等等这些美好的旋律，在中国更几乎是妇孺皆知、传唱不衰。

我们注意到，这次博览会上展示的俄罗斯国立东方博物馆收藏的、19世纪初编写的、第一部手写版的汉俄词典，是中俄两国文化往来的一个非常珍贵的历史见证。而且，我们还得知，自2001年到2006年，在俄罗斯出版的有关中国的图书已经达到1200多种、560余万册。这些都让我们深深感动，让我们感受到

★ 2006年8月30日，在第十三届 BIBF 俄罗斯主宾国酒会上的致辞。

了俄罗斯出版界与中国出版界交流的诚挚情谊和美好愿望。

俄罗斯主宾国在博览会上的活动口号是"阅读俄罗斯",那么，作为中国最大出版集团的中国出版集团，也非常诚挚地邀请你们"阅读"一下我们。让我们彼此阅读，互相了解。

可以说，中国出版业是从中国出版集团这里起步和发展的。中国出版集团拥有人民文学出版社、商务印书馆、中华书局、中国大百科全书出版社、人民美术出版社、人民音乐出版社、生活·读书·新知三联书店等29家出版历史悠久、品牌特色鲜明、出版领域宽阔的出版机构，拥有丰厚的出版资源和大量风靡全国的出版物，拥有由新华书店总店、中国出版对外贸易总公司、中国图书进出口总公司等机构组成的、通畅的国内外图书发行网络，拥有中国图书零售市场最大的市场份额。

俄罗斯图书在中国的出版，与我们中国出版集团有着较深的渊源。如果说，各国的文学作品中，俄罗斯文学作品在中国最有影响力，那么，就俄罗斯文学作品而言，中国出版集团所属人民文学出版社，从20世纪50年代建社以来直至2006年，已经出版了100多种苏俄文学作品，影响深远。这其中，既有像上面我们提到的《钢铁是怎样炼成的》《静静的顿河》《战争与和平》《复活》等那样的经典名著，也有像《"百事"一代》《当代英雄》《无望的逃离》《黑炸药先生》《伊万的女儿，伊万的母亲》《忠实您的舒里克》等那样的现当代作品。《"百事"一代》《忠实您的舒里克》获得了新一代读者的欢迎，在中国成为了畅销书。这次博览会上，瓦格里乌斯出版社还与人民文学出版社一起发布两部新作品：《俄罗斯当代散文选集》和《俄罗斯当代诗歌选集》，我们相信，这两本文集在中国同样会受到欢迎。

所以说，"阅读"俄罗斯，"阅读"中国，"阅读"中国出版集团，将会让我们彼此发现更充沛的出版宝藏。中国出版集团愿意和俄罗斯出版界的朋友们一起，为交流本民族文化、共享人类精神财富作出努力！我们热切地期盼，在"俄罗斯年"和"中国年"即将到来之际，我们能共同把握这大好的机遇，为双方出版业的发展，以及两国文化、经济等领域更深层次的合作，作出应有的贡献！

《汉语世界》生逢其时★

　　中国出版集团组建以来在中国语言文化出版和对外文化交流方面做了大量工作。随着中国经济的持续快速发展，越来越多的外国朋友想更多地了解中国、了解中国文化，世界不少国家出现了学习汉语的热潮。为了顺应这种汉语学习的需求，中国出版集团加大了汉语教学和中国文化出版物的生产力度，并为此专门组建了"对外合作部"，制订了"走出去"的发展战略，同时设立"优秀外向型图书奖"等一系列鼓励措施。而这次《汉语世界》杂志的创刊也正是我们这种努力的一种实际体现。今后我们还将加大投入、统筹规划，继续做好这方面工作。我们认为，这也是为世界文化的多元化发展贡献力量。

　　《汉语世界》杂志是由中国出版集团直属的重要的出版机构——商务印书馆参与主办的。商务印书馆是一所拥有一百多年历史的文化出版机构，从 20 世纪 20 年代就开始出版汉语教学方

★　2006 年 11 月 11 日，在《汉语世界》创刊座谈会上答记者问。

面的教材和相关出版物，在国家加快汉语走向世界的大战略背景下，2005 年又成立了"世界汉语教学研究中心"，重点出版外国人学汉语的期刊、工具书、学术著作、教材等。我相信，在主办单位的不懈努力和大家共同的关心爱护下，《汉语世界》这棵新生的幼苗一定能够茁壮成长。

希望商务以对外汉语为突破口，以满足国外汉语学习者的需要为首要目标，加强对外汉语教材、词典、语法、读物、学术著作等相关选题的开发，成系列上规模，针对不同国家，实行不同语种的双语配套

据统计，目前世界上有 3000 万汉语学习者。从我国目前推广的力度和国外兴起的"汉语热"来看，对外汉语已经成为一个潜在的、具有广阔市场前景的重要出版领域。当前版权输出的一项重要任务是满足汉语学习者的需要，培养更多的汉语学习者，有了更多的汉语学习者，就会有更大的汉语文化的市场需求。

据报道，到 2010 年，国家要在世界上建立 100 所孔子学院，旨在推动汉语教学与学习。到目前为止，已经建立 80 余所孔子学院。另据报道，到 2010 年，世界上汉语学习人数将达到 1 个亿。

因此，如何配合国家对外汉语推广计划，加强对外汉语选题规划，把握对外汉语出版商机，加大对外汉语版权输出力度，将是实现"走出去"的一条便捷有效途径。

商务印书馆 2005 年年初成立了对外汉语教学研究中心，这是一项很有远见的决策，商务印书馆拥有全国一流的汉语出版资

源，在保持国内市场优势的前提下，加强对外汉语的出版，对商务未来的发展具有战略意义。目前，商务印书馆出版的《汉语世界》杂志、《商务馆学汉语词典》等，已经引起国外多家出版社的兴趣和关注。

中国要构建和谐社会，促成建立和谐世界，就要加强对外交流与合作，不仅要把人家请进来交流，更要主动"走出去"交流；不仅要进行物质交换、政治经济交流，更要进行文化的交流，语言的交流——这是加快交流、增进了解、达成和谐、提高我们影响力、软实力和综合国力的基础工作。

商务印书馆是国际知名出版机构，是集团重要成员，在语言文化的出版、交流方面，有得天独厚的优势；加上国家汉语推广办公室的支持；加上世界范围内"中国因素"的增加、对中国有兴趣对中国文化有兴趣的人越来越多、汉语学习者越来越多——这些因素加起来，商务的《汉语世界》就有了天时、地利、人和，构成了我们的基础优势。

通过刊物这种连续出版物，循序渐进学汉语、学中国文化、将是文化"走出去"的基本途径。

我们认为，世界是一个大家庭，人类是应该和平共处，和谐美好的世界，需要各国各民族人民共同努力、共同创造。在此过程中，语言的交流、文化的交流起着至关重要的作用。中华文化作为人类多元文化中的重要一元，有义务为增添人类生活的色彩、为全世界的和谐做出自己应有的贡献。

近些年来，随着中国经济的持续快速发展，越来越多的外国朋友想更多地了解中国、了解中国文化，世界不少国家出现了学习汉语的热潮。为了顺应这种汉语学习的需求，推动汉语、推动中国文化更快更好地走向世界，中国出版集团加大了汉语教学和中国文化出版物的生产力度。这次《汉语世界》杂志的创刊正是我们这种努力的实际体现。

我们深信，在主办单位的不懈努力和中外各界朋友的关心爱护下，《汉语世界》这棵新生的幼苗，一定能够茁壮成长，一定能够对于促进中外语言文化交流作出大的贡献！

像鸟儿那样追求和平与自由★

　　值此《剑鸟》一书的中英文对照版顺利出版、隆重推出之际，我谨代表中国出版集团，向本书的作者范祎同学和她光荣的母亲、向人民文学出版社及其合作方哈珀·柯林斯出版集团，表示热烈的祝贺！

　　《剑鸟》是一部美丽动人、可读性很强的童话小说。拿到样书，我用半天时间，就迫不及待地读完了它。作者用她清新活泼的笔触、丰富多彩的想象和环环相扣的情节构造，为我们生动地刻画了一个栩栩如生、充满奇幻色彩的鸟类王国，从而深深地吸引了我、打动了我，使我沉醉其中。犹如人类世界，在这个鸟类王国里，既有勇士、智者和平民，也有暴君、奴隶和走狗，有匡扶正义的神灵——剑鸟，也有奉献快乐的集体——柳叶剧团……在石头跑森林及其周边的广袤时空，鸟儿们的故事与我们人类一样，充满了正义与邪恶的殊死较量，充满了对和平、幸福、自由和正义的

★　2007年4月3日，在《剑鸟》新书发布会上的讲话。

不懈追求。我们相信，这个寓言故事以少年儿童所特有的美好心愿和独特视角，所呈现给我们的鸟类王国的生存智慧和哲理，无疑将深深地印入广大读者的脑海之中。

好的作品，还会给读者带来故事之外的启迪。讲故事的范祎同学喜欢广泛阅读、好学不倦，故事里的"阴森堡垒"也最终变成了"石头跑森林图书馆"，书里书外的故事都在启示我们的小读者：读书是快乐的，写作也是快乐的，一边勤奋读书，一边认真观察自然、观察社会，正是通向成功之路的阶梯。

好的作品，离不开好的出版商。由于哈珀·柯林斯出版集团总裁兼首席执行官简·弗里德曼女士的慧眼识珠和该集团的良好运作，《剑鸟》英文版在美国出版的第一个星期，就冲上了纽约时报畅销儿童小说的排行榜。作为一个出版人，我对此表示敬佩。今天在这里，哈珀·柯林斯出版集团的长期合作伙伴人民文学出版社，精心设计、精心运作，隆重推出《剑鸟》的中英文对照版，相信会给国内广大的小读者，带来同样的阅读快乐、惊喜和启迪。

我们都在讲建设和谐社会、和谐世界，和谐的基础是彼此了解和沟通，而文艺作品则是交流情感、沟通心灵的最好方式。范祎同学从中国出发，到美国学习、生活，了解中美两种语言、两种文化，是文化交流的最佳使者；哈珀·柯林斯出版集团和人民文学出版社，都在文学出版界享有盛名，是文学出版的最佳渠道；《剑鸟》这部作品，是我们的文化、我们的出版工作"走出去""引进来"的一个范例。

我相信，两家出版机构，能够以《剑鸟》的出版为契机，进一步加强合作，向广大读者提供越来越多的好作品；我们也祝愿，《剑鸟》以及范祎同学下一部作品《寻（剑鸟前传）》的出版发行，会给广大的小读者，不断带来极大的快乐和启迪！

集团报刊亮点多 创新提升空间大★

第二届"中国出版集团报刊奖"评奖活动，自 2006 年 9 月 20 日启动，经过初评、复评，于 2007 年 1 月 23 ～ 24 日最终评定出结果。我们在这里隆重举行颁奖会议，就是要通过大张旗鼓的表彰、认认真真的点评，结合获奖代表谈体会、领导同志讲要求，大力引导和促进集团报刊这个出版业务的重要板块，更好、更快地发展。

一、评奖结果

经过评定，第二届"中国出版集团报刊奖"共有 23 种报刊获得 7 类 34 个奖项。其中，荣誉奖 3 个，根据评奖方案中关于"评奖年度内获得新闻出版总署主办的'国家期刊奖'的期刊，自动

★　2007 年 5 月 25 日，在第二届"中国出版集团报刊奖"颁奖会议上的讲话。

获得集团报刊奖荣誉奖"之规定，由 3 种期刊获得。评出 6 个类别的单项奖 31 个，其中：优秀栏目奖、优秀编辑奖、优秀校对奖、优秀印制奖和优秀经营奖各 5 个，优秀设计奖 6 个。

与 2004 年举行的第一届"中国出版集团期刊奖"相比，本届评奖有两个变化：

第一是名称变化。第一届名之为"中国出版集团期刊奖"，参评对象只是期刊；本届更名为"中国出版集团报刊奖"，将集团的 3 家报纸也纳入进来。第一届，先从期刊做起，积累了经验，产生了积极影响；这一届，也就能够扩大范围、顺势推进，名称当然也就相应调整。

第二个变化是增加了"优秀经营奖"这个新的奖项。在集团期刊工作会议精神的指导下，以及第一届期刊评奖工作的推动下，集团期刊工作有了很大发展。两年来，不少刊物，在坚持正确出版导向和正确办刊宗旨的前提下，在经营方面取得了突出的成绩。这是一个重要的可喜的变化。根据这个变化，本届报刊奖及时增设了"优秀经营奖"，旨在把那些"经营良好、销售业绩明显提高"的报纸和期刊评选出来，促进报纸和期刊的经营工作，实现两个效益的高度统一。

基于这些变化，尤其是考虑到集团报刊两年来取得了较大发展，本届评奖，在设奖类别、获奖品种、获奖数量方面，比第一届都有所增加；奖项类别由原来的 6 项增为 7 项，获奖报刊由 16 种增加到 23 种，获奖数量由 26 个增加到 34 个。

二、评奖过程

1. 报评情况。第二届"中国出版集团报刊奖"评选活动 2006 年 9 月 20 日正式启动后，在规定的报评期限内，13 家拥有报刊的出版社中，共有 11 家报送参评，占 85%；47 种报刊中，共有 29 种报送材料参评，占 62%。其中：3 种报纸全部上报参评；44 种期刊则有 26 种上报参评，占 59%。

29 家报评的报刊单位，共选送了 2004～2005 年出版的 227 份报刊，参加评选；申报参评的奖项共 79 项。

这些数字反映出，各单位对集团报刊评奖工作是高度重视的，能够踊跃参评；同时，能够严肃对待，严格遵循报评条件，审慎比照刊物实际与评奖要求，报送时先期把关，宁缺毋滥。但也要说明的是，少数单位没有报评，原因在于有些刊物处于休刊阶段，有些刊物则刚刚更名，不适于参评。总的来说，评选集团报刊奖，作为集团积极管理报刊、引导报刊发展的举措，受到了大家的重视和欢迎。

2. 初评情况。初评委员会由 14 位出版专家组成，他们普遍拥有丰富的报刊出版经验，对集团报刊的事迹也有比较全面的了解。14 位评委分头、分片紧张地阅读了两个月之后，于 2006 年 11 月 30 日～12 月 1 日，集团组织专家集中召开了两天的初评会议。会上，评委们对参评报刊逐一分析、认真讨论、反复平衡、仔细筛选，最后以无记名投票方式，选出初评入围报刊。

3. 复评情况。复评委员会由 16 位出版专家组成。大家各自分别研究入围报刊的相关材料一个月之后，于 2007 年 1 月 23～24 日，由集团组织召开两天的复评会议。复评的重点是审核初评结果、检查有无遗漏，是进一步筛选和确认。评委们经过热烈讨论，最终以无记名投票方式，评出 23 种报刊获得 34 个奖项。

复评名单，最终报经集团领导班子批准。

三、本届报刊评奖的特点

1. 基本做到了科学、公正。第一，在评奖标准和评奖方案上，继承了 2004 年第一届的评选标准、实施方案和评选经验，同时又根据两年来的新情况作了充实、改进。新的《中国出版集团报刊奖评奖方案》（以下简称《评奖方案》），在评奖会之前就送交评委，要求遵照执行，在初评会议和复评会议上也一再强调遵循。评奖结果表明，这一《评奖方案》得到了充分理解和严格执行。第二，在评委选择和组成上，初评、复评两个评委会，都是由具有丰富出版经验尤其是报刊出版经营经验的专家组成，他们对集团报刊的特点、状况和表现，以及在集团整体和所属单位业务板块中的作用，都有较多的了解。初评委和复评委分别由不同的专家组成，贯彻了人员不重复、见解更丰富、前后不影响、意见更独立的要求。第三，在评奖过程中，坚持了严格选拔的原则，坚持《评奖方案》中的标准，优胜劣汰。曾经获得第一届期刊奖的，如果不符合《评奖方案》的标准和要求，照样被淘汰；报评报刊中，有4种期刊最终名落孙山。第四，在准备工作和程序性工作方面，细致、严格。评委会办公室设在集团出版业务部，他们承担了大量的材料收集、整理和组织工作，尤其是在评奖材料提供方面，做到了丰富、细致、及时，保证评委能够全面及时了解参评报刊的真实情况。以上这些，保证了集团报刊奖的严肃性，评奖程序的科学性。

2. 通过评奖，发现了集团报刊的亮点。亮点很多，突出表现在两个方面：

一是经过两年的发展，集团报刊的"整体性"优势逐渐体现出来。2004年第一届期刊评奖时，集团47种刊物（含人民社3种）只有16种获得奖项；本届评奖仍是47种刊物（少了3种刊物，加了3种报纸），总数维持不变，按照同样的甚至是更严格的标准，获奖数量上升到34种，表明集团报刊出现了"整体性"发展的势头。

二是集团期刊的"重点性"优势越发突出，也就是说，好的刊物办得更好了。这两届期刊奖中，都有一些期刊独家获得两个以上奖项。两届都获得两个以上奖项的有8种，分别为《当代》《英语世界》《文史知识》《三联生活周刊》《中国艺术》《美术向导》《钢琴艺术》和《音乐研究》。尤其是《当代》《英语世界》和《文史知识》连续两届都摘取荣誉奖。在出版社方面，中国美术出版总社也证明了自身在期刊方面的优势，连续两届都是获奖最多的单位，第一届有 6 种刊物获得 9 个奖项，第二届又有 6 种刊物获得 8 个奖项。

3. 评奖过程中，也存在一些缺憾，有待下届评奖时改进。主要缺憾在于：

一是有些单位在上报参评材料和样刊的审核方面，还没有完全按照集团要求执行。比如有些参评材料上报不及时、不准确、不全面，一定程度上影响了评奖工作的进度。

二是在具体奖项的设置、界定方面，还可以进一步改进。比如"荣誉奖"，目前是限定在评奖年度内获得"国家期刊奖"的刊物，有评委提出，应当将报纸在评奖年度内获得的"中国新闻奖"的也一并纳入；再比如"优秀经营奖"，不同的报刊，存在专业性、小众性与综合性、大众性的差异，存在销售数量与资产质量等方面的矛盾，因而也就有一个如何更科学地进行指标比对的问题；又比如，各个单项奖的获奖数差不多，都是 5 ～ 6 种，但有的参评少、竞争小，有的则参评多、竞争激烈。这样一来，就存在可选对象多而奖项数量少的问题，有些较好的刊物就只能忍痛割爱了。

这些缺憾，我们希望在今后的工作中进一步改进和完善。

四、由本届报刊评奖产生的一点感想

改革开放近 30 年来，我国的报刊业在品种、类型、规模、媒体形式、经营方式、设计水平、印装质量、发行数量、广告投放、两个效益、社会影响等方面，都有了很大的发展。

就期刊而言，上市发行的期刊已有 9468 种，年总印数达到 28.5 亿册，其中发行量超过 100 万册的期刊已有几十种，发行量最大的已超过 1000 万册。比如《读者》，期总发行量就已经达到 1300 万册，读者杂志社的年营业额接近 4 亿元，年利润达到 8500 万元。

期刊的中外交流和合作趋势明显而强劲。我国每年在采购 1 万多种、400 万册左右外国期刊的同时，自己的期刊也已走入世界上 100 多个国家。《读者》《女友》《东方娃娃》等杂志创办了海外版，《咬文嚼字》的合订本单在新加坡就发行了 20 万册。美国国际数据集团（IDG）1980 年与我国合作出版《计算机世界》，现在在中国已发展到 42 个刊物；我国与国外合作的《瑞丽》杂志系列，也取得了很好的业绩。

随着网络、手机、电子阅读器、移动电视等数字媒体的迅猛发展，报刊的数字化趋向越来越引起业界关注。我们 2005 年到英国考察，爱思唯尔集团每年出版 1800 种期刊、2200 种图书，年营业额 11 亿英镑，其中 77％的收入来自期刊，9％来自图书，14％来自其他服务，期刊的收入中，70％是以电子版、网络版的形式获得的，当然他们是以专业期刊为主。前不久的第 36 届世界期刊大会上，美国的 Meredith 出版集团的总裁杰克·格里芬介绍，"美国 90％以上的纸媒体期刊都推出了在线期刊或者杂志的网络社区"。

有关期刊发展的动态，大家都能够说出很多来。我想说明的是，我们中国出版集团在坚持正确导向、报刊品种、出版社资源支持、现有报刊品牌的影响力等方面，拥有很大的优势，已经取得了很大的成绩，这从评奖情况可以看得出来。但我们做得还不够，我们在经营方式、出版的媒体形式方面，在发行数量、经济效益方面，还有很大的发展空间。在刊号资源紧缺的情况下，我们有的刊物长期停刊，有的刊物经营落后、连续亏损，有的刊物时不时地还出点不大不小的问题。集团新领导班子非常重视报刊的现状和发展，集团提出的下一步发展规划的 16 项重点工程中，就包括了"期刊整合工程"。

我们企盼，在大家的共同努力下，到下一届集团报刊评奖之时，我们的报刊业务，能跃上一个新台阶，出现一个新面貌！

和谐社会背景下的《和谐中华文库》★

一、和谐社会的提出

　　"构建社会主义和谐社会"的概念，是在十六届四中全会《中共中央关于加强党的执政能力建设的决定》中首次完整提出来的。这一概念，在十六大报告论述全面建设小康社会时已有体现：一是报告提出的到 2020 年我国将要实现的小康社会，比 2000 年有六个"更加"，其中第五个就是"社会更加和谐"；二是报告第二部分论述"三个代表"重要思想时提出，随着改革的深入，我们要努力建立起"各尽所能，各得其所，和谐相处"的社会关系。

　　党的十六届六中全会通过的《中共中央关于构建社会主义和谐社会若干重大问题的决定》（以下简称《决定》），站在时代和全局的高度，深刻阐述了构建社会主义和谐社会的重要性和紧迫性，明确提出了构建社会主义和谐社会的指导思想、目标任务、

★ 2007 年 8 月 15 日，在中国出版集团公司重点出版工程《和谐中华文库》启动仪式上的讲话。

工作原则和重大部署，是构建社会主义和谐社会的纲领性文件。

早在改革开放初期，邓小平同志就提出了建设中国特色社会主义的命题。1992 年，邓小平同志在南方谈话中明确提出：“社会主义的本质，是解放生产力，发展生产力，消灭剥削，消除两极分化，最终达到共同富裕。”这是对社会主义本质的科学概括。

以江泽民同志为核心的党的第三代中央领导集体，继续深化了对什么是社会主义、怎样建设社会主义这一问题的认识。党的十四大报告指出：“实践的发展和认识的深化，要求我们明确提出，我国经济体制改革的目标是建立社会主义市场经济体制”，“社会主义市场经济体制是同社会主义基本制度结合在一起的”，并强调“人民民主是社会主义的本质要求和内在属性”。2000 年，江泽民同志在考察广东的重要讲话中指出：在对外开放和发展社会主义市场经济条件下，我们党如何更好地做到始终代表中国先进生产力的发展要求、代表中国先进文化的前进方向、代表中国最广大人民的根本利益，“是一个需要全党同志特别是党的高级干部深刻思考的重大课题”。“三个代表”重要思想反映了我们党在社会主义市场经济条件下对社会主义本质的深刻思考。

2004 年第十六届四中全会上通过的《中共中央关于加强党的执政能力建设的决定》中，第一次提出：“坚持最广泛最充分地调动一切积极因素，不断提高构建社会主义和谐社会的能力”。2005 年 2 月，胡锦涛总书记在省部级主要领导干部提高构建社会主义和谐社会能力专题研讨班上提出了和谐社会的目标。

随后，各地开始积极探索如何构建社会主义和谐社会。

二、和谐社会的基本内涵

提出构建社会主义和谐社会，并把它摆在突出位置，这就使得我们对社会主义现代化建设的总体布局的认识，由社会主义市场经济、民主政治和先进文化建设"三位一体"，扩展为包括社会主义和谐社会建设在内的"四位一体"。

胡锦涛指出，构建社会主义和谐社会，是我们党从全面建设小康社会、开创中国特色社会主义事业新局面的全局出发提出的一项重大任务，适应了我国改革发展进入关键时期的客观要求，体现了广大人民群众的根本利益和共同愿望。要在推进社会主义物质文明、政治文明、精神文明发展的历史进程中，扎扎实实做好构建社会主义和谐社会的各项工作。

胡锦涛指出，我们所要建设的社会主义和谐社会，应该是民主法治、公平正义、诚信友爱、充满活力、安定有序、人与自然和谐相处的社会。民主法治，就是社会主义民主得到充分发扬，依法治国基本方略得到切实落实，各方面积极因素得到广泛调动；公平正义，就是社会各方面的利益关系得到妥善协调，人民内部矛盾和其他社会矛盾得到正确处理，社会公平和正义得到切实维护和实现诚信友爱，就是全社会互帮互助、诚实守信，全体人民平等友爱、融洽相处充满活力，就是能够使一切有利于社会进步的创造愿望得到尊重，创造活动得到支持，创造才能得到发挥，创造成果得到肯定；安定有序，就是社会组织机制健全，社会管理完善，社会秩序良好，人民群众安居乐业，社会保持安定团结；人与自然和谐相处，就是生产发展，生活富裕，生态良好。这些基本特征是相互联系、相互作用的，需要在全面建设小康社会的进程中全面把握和体现。

胡锦涛强调，构建社会主义和谐社会，同建设社会主义物质文明、政治文明、精神文明是有机统一的。要通过发展社会主义社会的生产力来不断增强和谐社会建设的物质基础，通过发展社会主义民主政治来不断加强和谐社会建设的政治保障，通过发展社会主义先进文化来不断巩固和谐社会建设的精神支撑，同时又通过和谐社会建设来为社会主义物质文明、政治文明、精神文明建设创造有利的社会条件。

胡锦涛指出，构建社会主义和谐社会，必须坚持以邓小平理论和"三个代表"重要思想为指导，坚持社会主义的基本制度，坚持走中国特色社会主义道路；必须树立和落实科学发展观，坚持以经济建设为中心，坚持"五个统筹"，促进社会主义物质文明、政治文明、精神文明建设与和谐社会建设全面发展；必须坚持以人为本，始终把最广大人民的根本利益作为党和国家工作的根本出发点和落脚点，在经济发展的基础上不断满足人民群众日益增长的物质文化需要，促进人的全面发展；必须尊重人民群众的创造精神，通过深化改革、创新体制，调动一切积极因素，激发全社会的创造活力；必须注重社会公平，正确反映和兼顾不同方面群众的利益，正确处理人民内部矛盾和其他社会矛盾，妥善协调各方面的利益关系；必须正确处理改革发展稳定的关系，坚持把改革的力度、发展的速度和社会可以承受的程度统一起来，使改革发展稳定相互协调、相互促进，确保人民群众安居乐业，确保社会政治稳定和国家长治久安。为了促进社会主义和谐社会建设，要切实保持经济持续快速协调健康发展、发展社会主义民主、落实依法治国的基本方略、加强思想道德建设、维护和实现社会公平和正义、增强全社会的创造活力、加强社会建设和管理、处理好新形势下的人民内部矛盾、加强生态环境建设和治理工作、做好保持社会稳定的工作。

三、关于《和谐中华文库》

1. 基本理念

为贯彻落实构建社会主义和谐社会的战略要求，为社会主义和谐文化建设作出贡献，中国出版集团公司和中国生态道德教育促进会决定联合发起组织编辑出版大型丛书《和谐中华文库》。

《和谐中华文库》旨在坚持先进文化的前进方向、继承发扬我国优秀文化传统和吸收借鉴世界优秀文明成果的基础上，通过多学科、跨学科的科学学术研究，对和谐社会建设的重大理论和实践问题进行广泛深入探讨，为中国的社会主义和谐社会建设事业提供学术支持和文化积累。

《和谐中华文库》将作为党的"十七大"的献礼图书出版。

依照"以人为本"的社会主义和谐社会的构建原则和经济社会协调、人与自然和谐的科学发展思想,《和谐中华文库》分为"人与经济""人与社会""人与自然"三个系列出版。

"人与经济"系列,重在研究经济社会的全面协调可持续发展问题;"人与社会"系列,重在研究社会公平正义、安定有序,保障人民基本权益,确保全体人民共享发展成果的制度建设和社会管理社会服务体制问题;"人与自然"系列,重在研究生态环境治理保护,建设资源节约型、环境友好型社会,促进人与自然和谐相处问题。

2. 基本规模

《和谐中华文库》主要采取收选已经出版的图书的形式进行,兼顾开发出版原创图书;本土著作和翻译著作并重。

《和谐中华文库》初步计划推出以上3个系列共30种图书,每一系列10种。2007年首批推出"人与自然"系列10种图书,30种图书2008年全部出版完成。

3. 出版模式

《和谐中华文库》的编辑出版体现了"强强联合"。中国出版集团公司是我国出版界的"国家队",被称为业界"旗舰式的航空母舰"。在深化文化体制改革,创新体制机制的过程中,中国出版集团公司邀约全国范围内大社名社推出的《中国文库》,被称为我国出版业的标志性出版工程，成为近年中国出版界的一大盛举。

中国生态道德教育促进会是我国首个从事生态环境道德教育工作的专业团体。创办人陈寿鹏先生曾参加过 1949 年解放战争中的渡江战役，是我国著名社会活动家、教育家和高尔基研究专家，是我国生态道德教育理论的奠基人，第八、九、十届人大代表。曾著有《高尔基美学思想论稿》《高尔基创作论稿》《高尔基晚节及其他》，以及译著《论高尔基的创作》《最初的年代》《列宁与知识分子》等作品。在致力于生态道德教育工作中，陈寿鹏先生倡议并主编了中国首部《生态道德教育读本》，出版有《草原文化的生态魂》等专著。中国生态道德教育促进会及其前身中国·内蒙古沙尘暴研究治理促进会，在陈寿鹏教授领导下，在倡导人与自然和谐相处的生态道德理论建设，以及加强全民生态道德教育上作出了重要的贡献。

《和谐中华文库》是从理论上研究和落实生态道德教育理念的重要一步。《和谐中华文库》是在建设社会主义和谐文化的大背景下，当前我国出版界第一套以"生态道德"研究为专题的大型丛书，对出版界和知识界都将产生重要的推动作用。

这些图书以促进人与自然和谐相处、构筑国民生态保护心灵屏障为宗旨，具有重要的精神价值和很高的学术文化水准。比如"人与自然"系列中，包括《中国生态演变与治理方略》《环境与生态安全》《生态哲学》《脆弱生态环境与可持续发展》《人类一环境系统及其可持续性》《最后的消费：文明的自毁与补救》《中国生态伦理传统的诠释与重建》《寂静的春天》《环境伦理学：大自然的价值以及人对大自然的义务》等。

中国出版集团公司将高规格高质量地编辑出版这套图书，目前设置了高规格的编辑委员会，已确定由商务印书馆负责具体出版，新华书店总店独家发行，同时在宣传推广方面做好工作。

做好语言资源开发　延伸出版产业链★

在"中国语言资源开发应用中心"隆重揭牌，以及《中国语言生活状况报告 2007》和《现代汉语常用词表》这两部重要文献顺利出版之际，我谨代表中国出版集团公司对此表示热烈祝贺！

早在 20 世纪 90 年代，联合国教科文组织就编制了《世界语言报告》，开始对语言资源进行监测与开发，与此同时，我国学术界也认识到了语言的资源属性，并且提出了"语言资源"的观点。十几年来，语言资源的理念不断完善和深入。现在大家都认识到，语言既是社会交际的工具，又是一种宝贵的资源。语言在承载和传递社会文化信息的过程中，应用的范围越来越广泛，应用的方式越来越丰富多样，在应用的过程中，能产生文化的、科技的、经济的乃至政治上的效益。所谓经济上的效益就是大家说的产业化，所谓政治上的效益就是国际上的文化软实力和国内的民族凝聚力等等，所以说语言是可资开发利用的丰厚的资源。我们有必

★　2008 年 2 月 11 日，在中国语言资源开发应用中心揭牌仪式上的讲话。

要科学地监测、及时地研究、持续地开发和有效地利用，使语言的发展能够更好地适应于整个社会的全面、协调、可持续发展。

要监测、研究、开发、利用好语言资源，需要有一个合适的平台。我们认为，中国语言资源开发应用中心，就是这样一个平台。同时我们也认为，由商务印书馆具体管理和经营这样一个平台是合适的。因为长期以来，商务印书馆得益于教育部、国家语委的指导，得益于有关科研单位和高等院校的支持，得益于广大读者的关爱，在语言类作品的出版以及语言学的研究方面积累了丰厚的资源，在海内外有广泛的影响和品牌认知，有条件牵头打造官、学、研、产、销、用一体化的平台。这个中心将作为"中国语言产业的研发、示范基地"，努力统筹产、官、学、研各界的社会力量，加强社会语言产业人员与语言学科的有机联系，推动语言资源开发和语言产业建设，推动语言学研究成果社会化，推动语言和语言知识转化为文化产品和文化生产力。

在我国文化体制改革和出版业转型的大背景下，中国语言资源开发应用中心的成立，是商务印书馆加强资源基础建设、做大内容产业的新举措，是中国出版集团公司优化产业结构、推动产业升级的新实践，是我们产、官、学、研各界聚合力量、共同推动文化事业和文化产业发展的新进展。我相信，中国语言资源开发应用中心的成立必将延伸出版产业链，完善国家资源体系，开拓文化产业新领域，更好地引导我国的语言生活向推动全社会更加和谐健康的方向发展。

好酒也怕巷子深　渠道更需用力耕★

　　这次"双推计划"总结推进会，涉及了渠道网点，会展订货，馆购、团购、政府采购，活动宣传，交流探讨，考察调研，品书荐书，畅销书目、常销（长销）书目文案等等。以上方方面面，大家提出了很多设想、意见和建议。下面我谈几点意见。

一、出版与发行要两相结合，内容生产与市场经营是整个出版工作的一体两面，互相影响、互相促进

　　就内容生产（狭义的出版）而言，2008 年 1 月 25 ～ 26 日的集团年度工作会议以及选题论证会上，我们提出了这样的要求：

　　1 个指导思想：马列主义、毛泽东思想、邓小平理论、"三个代表"重要思想和科学发展观。

★　2008 年 2 月 18 日，在中国出版集团"双推计划"（畅销书推广计划和常销书推荐计划）总结推进会上的讲话。

2 个效益：社会效益——多出好书，不出坏书，少出平庸书；经济效益——大多数书要能创造经济效益。

3 个协调：集团产品线布局（16 条）与出版社目前产品结构相协调；集团整体特色（国家队）与出版社特长、特点相协调；集团战略规划与出版社长期规划、年度计划相协调。

4 个分层：

管理层级——国家重点、集团重点、单位重点、一般图书；

内容层级——重大活动，服务党和国家大局；重大文化积累和传承价值；重要学术文化成果；重要的产品门类（工具书、教材、一般读物……产品线）；其他拾遗补缺的普及读物。

品质层级（质量）——一般书，8000～10000 个，维护品牌；精品书，几百个，弘扬品牌；标志性出版物，几十个，打造品牌，如《中国文库》《中国大百科全书（第二版）》《二十四史》暨《清史稿》点校本修订版《长篇小说原创基地工程》《和谐中华文库》《中华民族巨人传》《世界历史文库》（200 种）《哲学社会科学经典丛书》（2000 种）《哈佛经管系列》《共和国档案系列》《LP 指南系列》《中国美术全集》《中国美术分类全集》《中国当代作曲家曲库》、音乐教材、美术教材、韩日语等外语教材、白玉兰系列（海派作品）。

市场层级——常销、畅销、动销、滞销。

以上这"1、2、3、4"是就内容生产而言的。就发行与市场经营而言，我们就是要降低滞销；提高动销；立足长远，做好常销；

抓住当前，做好畅销。因为畅销书和常销书，是我们做好发行工作的重点。

二、要用好"双推计划"这个重要抓手

在大家的共同努力下，"双推计划"成效明显，业界注目。畅销书推广自 2006 年 4 月启动，搞了 23 期，推荐了 282 种作品。2007 年年初和 2008 年年初，分别评出其中的优秀畅销书 16 种和 10 种，占 1/10。常销书推荐 2007 年 4 月启动，搞了 4 期，推荐了 370 种。2008 年评出其中的优秀常销书 38 种，占 1/10。

两个计划，总的说有宣传效益：有响声，媒体知道，出版社知道，书店知道，不少读者知道，很多政府领导知道；有经济效果：有力地影响和引导了书店的进货选择和发货预期；有发展进步：七省市十三店签约七省战略合作伙伴关系，逐步在全国落地生根开花结果。

下一步要进一步发展、完善"双推计划"。要增书目，增设常备书目，完善双推书目的形式和发布方式；要两结合，增强配送能力（发行部门），增加出版社之间的协调兼顾能力，增强现场宣传（策划宣传部门）；要亮牌子，集团整体、发行联合体、各社有关大型宣传促销活动，都亮出"双推计划"的牌子；要专业化，做到专区、专柜、专人、专配；要实现信息数字化，集团和各社官网专设频道；要在全国推广。

三、要用好会展、馆购、团购、政府采购这些重要平台和通道

要积极面对当前出版市场的严峻形势，千方百计抓好图书产品的市场营销工作。

就馆购而言，当前联合体、总店、中版通公司都在抓，出版工作部要注意协调。

就政府采购平台而言，农家书屋、社区书库、贫困学生捐书是政府建设公共文化服务体系的重要举措。机会难得，优势明显。出版部与联合体要尽快与政府部门沟通，争取我们多作贡献，也多得实惠。

就会展而言，2008 年还有七八个会展。当前的紧迫任务，是做好 4 月份全国书市的准备工作。要做到两个突出：一是要突出主题，纪念改革开放 30 年。我们为改革开放做过什么？ 30 年来全国出版的重要图书多数是我们提供的，重要成果是我们出版的，重要作者是我们发现的；我们怎样迎接改革开放 30 年，责任、义务、机遇都要讲清楚。改革开放 30 年主题，2007 年就有设想，近日开专题会专门研究。二是要突出重点书。刚开过订货会，新书的问题不一定很多，关键是要突出重点书。大家回去都搜罗一下，赶一赶进度，2 月底 3 月初专门开会落实参展工作。

大家要抓紧行动起来，围绕当前三项重点也就是"双推计划"、政府采购、主题图书，做好书市工作，做好各项工作。

为改革开放 30 年添上浓墨重彩的一笔★

2008 年，要从 6 个方面抓好出版工作：一抓方向导向，首先是为党和国家大局服务；二抓管理和服务，包括重大活动、重要书展；三抓产品结构和布局，抓手是产品线；四抓几百个重点项目，尤其是几十个标志性项目，尤其是纪念改革开放 30 周年的重点项目；五抓书、报、刊、音、电、网综合协调发展；六抓资源整合和纸张印务整合。

今天专题会的任务是围绕改革开放 30 年这个主题，总结汇总前期的准备工作，梳理出版项目，统筹出版计划，统合宣传营销活动。总的来看，各出版社准备得比较充分。

我们要从以下几个角度去进一步梳理、推进出版发行工作，为纪念改革开放 30 年添上浓墨重彩的一笔。

1.30 年来，我们为改革开放作了哪些贡献？

要梳理清楚，哪些出版社是 30 年来成立的、哪些刊物是 30

★ 2008 年 2 月 22 日，在中国出版集团纪念改革开放 30 周年专题出版工作会上的讲话。

年来成立的？哪些重要作者是我们发现培养的？哪些重要的理论、文化、科技成果（比如《社会学》《文艺心理学》《青年心理学》《第三次浪潮》）是我们出版的？哪些重要体裁、题材是我们发明的？我们的出版机构在 30 年中有哪些标志性出版物？哪些是当时有重大影响，至今仍有生命力的出版物？哪些有重大影响的文化决策是我们的出版机构推动的？我们有哪些引进出版物、合作出版物、"走出去"出版物？我们有哪些获奖作品？集团有哪些好的改革实践？等等。

2. 我们以什么样的产品来纪念 30 年？

纪念改革开放 30 年，要在总结 30 年改革发展成就的基础上提炼新经验、新模式、新理论、新选题，为今后的改革发展提供经验借鉴和理论支持，为新时代的社会文化生活提供样本和范式，这是我们作为出版国家队的责任和义务，也是我们实现两个效益的重要机遇。各出版社报上来的主题出版选题是鼓舞人心的，文学社、大百科社、美术社、音乐社的选题尤其突出。关键是要抓好这类主题图书和重大标志性项目的出版进度和营销力度，努力形成良好的社会影响和市场效益。

3. 我们以什么样的活动来纪念 30 年？

要研究产品的推出时机、宣传节奏。要举办一系列的活动，包括媒体宣传活动，现场促销活动，展示展演活动，读书研讨活动，以及专题座谈会和论坛。初步的设想是，举办 30 年出版成就展，充分展示过去 30 年我们的出版成果和贡献；分批次推出纪念 30 年的新出版物，包括直接相关的出版物和重大标志性出版物。以 4 月份郑州全国书市为起点拉开纪念活动序幕，然后在七一、八一、奥运会、十一等重要时间节点，分批推出相关出版物和活动。纪念活动的重中之重有三个：第一个在 4 月份郑州全国书市上创办"读者大会"，汇聚集团内外的优秀出版物、优秀出版社，联合优秀作家作者，组织当地读者和文艺团体，综合成书界盛会，推动改革开放时代的社会阅读风尚；第二个是在 8 月份的奥运会上，推出系列奥运会及体育出版物、多语种中外图书精品、奥运报刊亭，以及语言翻译等相应的文化服务，向世界展示改革开放的中国形象；第三个是在第三季度举办"放歌 30 年出版成果展"和文艺演出，邀请文化、科技各界领导和代表参加，使纪念改革开放 30 年的出版文化活动达到高潮。

《中国音乐史图鉴（韩文版）》是经典与创新、交流与合作的成果★

人民音乐出版社是中国最大的音乐专业出版社，是中国出版集团的重要成员单位。音乐社建社 50 多年来，一直致力于全民音乐素质的提高和音乐教育事业的发展。随着国际间文化交流的快速发展，音乐作为无国界的语言被广泛交流，准确地传达着各个民族之间的情感与精神。这次与韩国民俗光出版社合作，我们感到非常荣幸。民俗光出版社是韩国有广泛影响力的专业民俗和艺术类出版社，我相信此次的合作，一定能增进中韩两国在音乐艺术领域的交流，扩展合作，实现双赢。

此次由韩国民俗光出版社引进版权的《中国音乐史图鉴》是由中国艺术研究院音乐研究所的研究人员和资料工作人员共同编撰的，是近年来中国音乐史学研究领域的显著成果之一。内容涉及文字记载，包括音乐文献以及唐代以来的各种乐谱；形象资料，

★　2008 年 5 月 14 日，在首尔国际书展《中国音乐史图鉴（韩文版）》首发仪式上的致辞。

包括地上保存的和地下发掘的有关文物；以及社会调查资料，包括古代乐曲的遗音或流风余韵，记录了中国各民族共同创造的音乐文化，记述了中国古代音乐发展的历程和规律。读者面对这些珍贵的文物图像，会不由自主地生出无限美感；对音乐研究者而言，这些资料和研究成果更是具有很高的学术价值和收藏价值。

中韩两国一衣带水，是隔海相望的近邻，文化交流源远流长，其历史可追溯到中国的隋、唐之前。从古至今，两国人民互相学习，彼此借鉴，创造了灿烂的音乐文化。两国地缘相近，文化一脉相承，两国民众一直有着天然的亲近感。由于文化传统相近，使其两国国民彼此之间更容易互相理解和沟通，更容易"寻求友谊和繁荣文化"。朝鲜半岛，三国时期已经出现了类似于中国古琴的高句丽的玄琴。中国筝有着悠久的历史，韩国的伽倻琴就是在一千五百年前，由伽倻国的嘉实王仿造唐筝改制而成的。

中韩两国从古至今有着密切的交流和往来，两国文化有着诸多的共同点。此次《中国音乐史图鉴（韩文版）》在韩国面世，希望能让更多的韩国音乐爱好者与人民进一步了解中国音乐的渊源与发展。

中国作为主宾国参加首尔国际书展，主题为"经典与创新"。祝愿"经典"的《中国音乐史图鉴》和"创新"的修订版在韩国受到欢迎。祝愿人民音乐出版社与韩国民俗光出版社合作成功，从而对中韩经典音乐文化的发扬和交流有新的推动！

学好汉语　促进中韩文化交流★

　　中国实行改革开放30年来,经济、社会、文化获得了很大发展,中外文化交流也日益频繁。中国越来越离不开世界,世界也越来越需要中国。

　　版权贸易和出版合作,是中外文化交流的重要途径,受到了中国政府的鼓励和支持;汉语学习类图书则是版权贸易和出版合作中的重要门类,在国外读者中有大量需求。目前,"汉语热"正在全球范围内持续升温,全世界学习汉语的人数已经达到3000万,共有100多个国家的2300所大学开设有汉语课程;在信息科技方面,中文视窗系统、中文互联网、中文搜寻网站日渐蓬勃;在影响世界的国际组织、国际公司、国际媒体和世界知名大学中,有上百家拥有中文网站和网页;在电视媒体方面,全球中文频道大量涌现。许多人士预测,在不久的将来,汉语将成为许多国家

★　2008年5月15日,在首尔国际书展《中国百姓身边的故事——初中级汉语视听说教程》版权输出签约仪式的致辞。

的第一外语。

韩国是中国一衣带水的友好邻邦，两国人民有着悠久的文化交流传统。在中国，我们看到很多的韩国汽车和电子产品受到追捧；在韩国，我们也知道将近有 1/30 的人在以不同方式学习汉语。这次首尔国际书展，中国有幸受邀成为第一个主宾国，充分说明了韩国对于中国出版、中国文化的重视。我们愿意充分利用这个良好的机遇，展现中国出版的风采，展现中国出版集团作为中国第一大出版机构的风范，为促进中韩出版文化交流作出贡献，起到带头作用。

世界图书出版公司北京公司是中国出版集团的重要出版单位，几年来一直致力于开发优秀的对外汉语教材，在选题上独辟蹊径，以质量取胜，在中国出版界享有盛名。他们出版的《中国百姓身边的故事——初中级汉语视听说教程》《时尚汉语》《趣味汉语拼音》等一批精品图书，其中 80% 都已成功输出版权。今天我们很荣幸地在此见证世图北京公司最新出版的对外汉语教材——《中国百姓身边的故事——初中级汉语视听说教程》的版权转让给韩国时事出版社。我们相信，这套教材在韩国的出版，将有力地提高韩国读者学习汉语的兴趣和水平，有力地促进中韩两国的文化交流。

中国出版集团是中国的国家级出版机构，也是中国最大的出版机构，拥有 79 家独立法人企业，其中包括 23 家出版社。我们将一如既往地支持我们的出版社、支持世图公司这样的优势企业，做好中韩出版合作和文化交流。我们预祝,《中国百姓身边的故事——初中级汉语视听说教程》汉语教材的韩文版,由韩国时事教育出版社出版发行成功!

以《中国专刊》为纽带　加强中韩出版合作★

中国图书商报和韩国中央日报联合举行韩文版《中国专刊》发布会，这是首尔书展中国主宾国活动中一项重要的内容。中国图书商报社是中国出版集团的成员单位，《中国图书商报》是中国最有影响的出版产业报纸。对于中国图书商报和韩国中央日报能够开展跨国间的合作，能够用韩文版的《中国专刊》将中国主宾国活动以及中国出版业介绍给韩国民众，我在这里要特别感谢中央日报领导人远见卓识的决定，特别感谢我国新闻出版总署对这项合作给予的大力支持！

正如各位在《中国专刊》上已经看到的，中国出版集团是中国国家级大型出版发行机构，它旗下的人民文学出版社、商务印书馆、中华书局、生活·读书·新知三联书店等都是在中国最著名的出版单位，全集团每年出版各类出版物1万多种，从事书刊版权贸易1000多种，进出口各类出版物20多万种。近年来我

★　2008年5月15日，在首尔国际书展中国图书商报《中国专刊》（韩文版）推介会上的致辞。

们和韩国在图书版权的引进和输出方面、在韩文报刊进口中国方面都有密切的合作。我集团出版的《于丹〈论语〉心得》在国内市场取得了较大影响力，发行量达 470 万册；韩文版《于丹〈论语〉心得》也已于 2007 年 4 月在韩国问世。鉴于中韩两国作为友好邻邦，在文化上、情感上和思维方式上有许多相同、相似之处，我们在出版领域的合作空间还非常广阔。我衷心期待通过《中国专刊》的介绍，韩国出版传媒界朋友对中国出版集团、对中国出版业有更多的了解，从而带动两国间的交流与合作有更大的发展！

探索出版创新路　服务北京奥运会★

　　中国出版集团公司与华旗资讯公司，本着服务社会大众、推进出版创新、优势互补和合作共赢的原则，就共同出版"中版·妙笔听书"系列产品，进行了认真调研、友好协商和积极实践，在此基础上达成了战略合作的共识。

　　坚持深化文化体制改革，坚持挺拔出版主业，不断加快传统出版的创新发展，不断增强全集团的核心竞争力，是中国出版集团的重要战略目标。2007 年以来，中国出版集团公司新一届领导班子大大加快了各项改革和发展步伐，将出版内容数字化、传播手段网络化、阅读方式便捷化作为出版发展的一大重点。为此，我们在管理方面，明确提出对全集团的数字出版资源进行统一管理，要求各成员单位加强数字版权资源的积累、保护和有效开发利用，有关数字出版方面的重要合作开发要遵从集团公司的统一部署和协调，合作开发项目要报请集团公司批准。在机构设置上，

★　2008 年 6 月 11 日，在中国出版集团公司与华旗资讯公司"听书"出版战略合作签约仪式上的讲话。

2008年4月份，我们成立了数字传媒有限公司，大力推进中国出版产业网的建设，大力发展包括网络出版、手机出版、电子图书、网络交易等众多形态、手段与技术的数字出版。在发展方式上，则立足我国数字化出版的现状，加快加大项目开发力度，充分发掘我们在传统出版物、传统出版资源方面的丰厚资源，积极寻求合作对象，积极探索各种合作方式，做好增量出版。

　　中国出版集团公司与华旗资讯公司的战略合作，既是集团坚持挺拔出版主业的一项重要实践，又是集团数字化整体发展战略的重要组成部分；既是探索传统出版创新发展的一项重要举措，又是在具体的"听书"方面对传统出版资源的一次增量开发。这一战略合作意味着：在集团公司层面与华旗资讯签署"听书"方面的总体合作框架，集团各出版单位在这一战略合作框架下与华旗公司进行具体品种、具体项目的合作开发。这一战略合作的产品内容，包含了全集团16条产品线中的各类图书，也包括期刊和音像电子出版物。

　　中国出版集团公司对这次战略合作高度重视，也非常慎重，合作双方前后经过了长达半年时间的反复商讨，并在具体出版项目上进行了成功的合作实践。按照集团公司的部署，中国对外翻译出版公司作为这一项目合作的先行者，基于自身的品牌特色和产品特点，围绕服务北京奥运会，特意选择了相关产品与华旗公司进行合作。这次共推出两个系列的"中版·妙笔听书"产品。第一个系列是《双语经典名著》系列，包括《论语》《孙子兵法》

《唐诗一百首》《宋词一百首》《禅宗语录》《中国成语故事选》等我国传统文化中的经典著作,也包括《伊索寓言》《鲁滨逊漂流记》《简·爱》《巴黎圣母院》等国外文学经典作品。第二个系列是目前国内以北京奥运会为主题的唯一一部原创长篇小说《八月狂想曲》,作者为当代著名作家徐坤。

这些新型的"听书"产品,由"听书版"纸质图书和"妙笔"听书设备构成。既可以满足传统的阅读习惯,阅读"听书版"纸质图书,又可以通过"妙笔"听书设备,满足"听"书的需求。无论是听书版的纸质图书还是听书设备,都采用中英文两种语言。这些兼具听、读功能,又有中英文两种语言的出版物,旨在服务北京奥运会,聚焦于关注奥运会的国内外人士。

在这两个"听书"系列产品之外,中国出版集团公司还有众多的奥运图书,如《奥运汉语30句》《听歌学汉语》《奥林匹克运动百科全书》《奥林匹克文化丛书》等;集团公司所属的中国图书进出口(集团)总公司,还是北京奥组委授予的奥运书报亭唯一经销商。因此,这次战略合作签约仪式和新书发布会,也是中国出版集团服务北京奥运会的一项重要举措。

灾难面前，出版人不缺位★

6月的北京，百花争艳，万物竞长。然而，处在美好和平的景象之中，我们没有忘记，也永远不会忘记，半年前的冰雪灾害和冰雪突围，一个月前的汶川大地震和由此造成的举国震撼、举世惊心。我们选择在今天，在"5·12"汶川大地震发生整整一个月的特别日子，举行《汶川震撼》《冰雪突围》两部大型画册的公益首发仪式，具有特殊的纪念意义。

2008年年初，我国南方部分地区出现罕见的低温、雨雪、冰冻极端天气，持续时间长，影响范围大，给受灾地区带来严重影响。党中央国务院对此高度重视，及时做出部署；各有关地区和部门紧急行动，团结协作、顽强奋战；举国一心，积极抗击冰雪灾害，及时恢复了受灾地区的生产秩序和生活秩序。

"5·12"汶川大地震，震碎了曾经的幸福宁静。美好家园被毁，四处断壁残垣；众多亲人离去，从此阴阳暌违。这场人类之

★　2008年6月12日，大型画册《汶川震撼》《冰雪突围》公益首发仪式上的主持词。

殇，刻骨铭心，痛深创巨。然而，灾难业已发生，但生活还要继续。尽早恢复生产、重建家园，正是"以人为本"的深刻体现，是对生者真正的安抚、对逝者最好的慰藉。天灾难料，人事可期。胡锦涛总书记亲赴一线，为救灾和重建之路指明方向；温家宝总理数往灾区，与当地政府和人民共商抗震救灾大计；中央财政安排巨资作为赈灾和恢复重建资金；省区市对口支援，各部门通力协作，众多企业争担责任，越来越多的解放军和武警官兵、专业救助队伍和广大志愿者积极投身赈灾、重建的大军；国内外爱心捐款数字每天都在增长刷新……"人在青山在，血脉永相连"，中华民族休戚与共、万众一心、众志成城；"一手抓抗震救灾，一手抓经济社会发展"，社会主义优越性的光辉将再次闪耀；"有钱出钱，有力出力"，人类文明历程将再次矗立起壮丽丰碑。

汶川大地震发生后，中国出版集团积极响应中央号召，全面部署抗灾减灾工作，采取了一系列紧急行动。迅速组织集团公司捐款和出版抗震救灾读物，"关键时刻发挥了关键作用"。迄今为止，中国出版集团已经提供各种直接捐款1400多万元，出版多门类、多角度、多形式的出版物22种，内容包括知识普及、医学救治、心理救助、心理康复图书，也包括激励人心的诗歌集、音乐唱盘和DVD，当然还包括纪实类的大型画册，其中许多出版物，已经大量捐送到灾区。

今天在这里举办的大型画册《汶川震撼》《冰雪突围》公益首发仪式，就是中国出版集团为读者提供的有益文化产品。这两本画册由中国出版集团公司委托现代教育出版社组织专家学者，联合人民画报社等兄弟单位，采编大量的新闻图片，精心设计，精心印制，真实再现了抗灾救灾的壮阔场景，具有较高的纪念、收藏价值。公益首发仪式安排了捐赠活动，由南方电网的同志代表冰雪灾害受灾地区接受《冰雪突围》捐赠；由四川省图书馆的同志代表地震灾区图书馆系统接受《汶川震撼》捐赠。我们希望，在灾难面前，中国出版人没有缺位！

《世界历史文库》，中国出版集团标志性出版工程★

中国出版集团成立以来，以弘扬民族文化、传播先进文化为己任，一直致力于国家出版发行基地建设，致力于实施国家重大文化出版工程，致力于多出好作品、多出精品、多出扛鼎力作。通过出版更多更好的优秀作品，不断推动出版的创新、发展和繁荣，不断满足人民群众的精神文化需求，同时也不断地弘扬光大我们的品牌、我们的事业。

近几年来，中国出版集团公司在每年出版 8000 多种各类出版物、连续保持图书零售市场和出版物进出口市场领先地位的基础上，先后主持和组织指导所属十几家出版单位，出版了一大批重点出版项目、重大出版工程，包括《中国文库》（已出版 1 ～ 3 辑、凡 300 多种，后续各辑将陆续推出）、《鲁迅全集》新版、《中国大百科全书》第二版、《二十四史》暨《清史稿》点校本修订版、"当代长篇文学创作基地"工程，以及《二十世纪中国文学理论

★ 2008 年 7 月 28 日，在《世界历史文库》专家研讨会上的主持词。

研究资料类编丛书》、《老舍全集》修订版（人民文学出版社），《科学与科普丛书》、《和谐文化丛书》、《哈佛商学院经管丛书》、《古音汇纂》（商务印书馆），《黄侃文集》、《全明杂剧》（中华书局），《中国军事百科全书》系列、《少年儿童百科全书》系列（中国大百科全书出版社），《中国工艺美术断代史》、《中国工艺美学史》（中国美术出版总社），《中国话剧百年剧作选》、《21 世纪中国音乐学文库》、《中国当代作曲家曲库》（人民音乐出版社），《LP 旅行指南》系列、《学术前沿》系列、《曹聚仁作品》系列（生活·读书·新知三联书店），《中华传统文化精粹》中英对照丛书（中国对外翻译出版公司），《中华文化专题史丛书》、《马克思主义经济思想史》系列（东方出版中心），《马克思主义的哲学理论》（现代教育出版社），《现代漫画丛书》（现代出版社），《外国科技教材》翻译系列（世界图书出版公司），《小而全学生工具书》系列（商务印书馆国际有限公司），等等。

这些出版项目，都在学术界和出版界引起了很大反响。

《世界历史文库》是中国出版集团的又一个重大出版项目、出版工程，由集团公司主持，直接抓、直接管、直接投资，具体工作由集团所属的东方出版中心牵头，商务印书馆、中国大百科全书出版社、东方出版中心三家单位联合承担。集团公司对这一重点项目十分重视，希望将它做成《中国文库》之外的又一项标志性出版工程。我们的初步设想，《世界历史文库》将是以国别通史为主体，兼及洲际史、区域史、断代史、专题史的一套大型文库。

《世界历史文库》的内容，包括 20 世纪中叶以来各主要国家的大学通用的历史教材或者学术专著中，能够客观、全面介绍该国历史与文化的国别史，也包括 20 世纪以来各国出版的比较权威的洲际史、区域史、断代史、专题史等。

《世界历史文库》的编辑出版方式，以国外现有的研究成果为基础，精心选择后，全部引进版权，翻译出版。

改革开放以来，中国的经济、社会发生了巨大的变化，世界越来越关注中国，中国也越来越多地融入世界、越来越需要更深入地了解世界，因此，《世界历史文库》的出版目的，在于填补市场空白，为广大学生、研究者以及大众读者服务，为我们更好地了解世界、把握世界、推动人类共同发展和繁荣服务，并且在此过程中，推动世界历史研究和学术繁荣，实现出版的社会效益和经济效益双丰收。简单地说，就是满足社会需要、推动学术研究、促进出版发展。

《世界历史文库》的出版计划，共出版图书 150 种，计划第一年出版 20 种，以后每年出版 40 种左右，在集团"十一五"规划期之内（2008 ～ 2012 年）完成。

中国出版集团成立起来，一直得到各位专家的大力支持。《世界历史文库》是中国出版集团的一个重大出版项目。各位专家长期从事历史研究与教学工作，是我国历史学界的权威，既深谙世界历史的学术前沿，又熟悉我国目前历史学科出版状况。我们希望各位专家就《世界历史文库》这一项目，从出版定位、编纂体例、选本来源、版权引进和翻译事项、编纂团队组织方式、出版方式和进度等各个方面，提出宝贵的意见和建议，特别是为《世界历史文库》推荐选本或者提供选本线索，力争使《世界历史文库》成为选得好、编得好、译得好的，权威性高、可读性强的，经得起学术检验和市场检验的，"双效"突出、流传久远的精品图书。这个期盼当然很高，究竟能不能实现，我们首先要依赖于在座专家乃至更多专家的大力支持。因此，今天的研讨会，是一个高起点的开端。希望大家畅所欲言，给我们提出学术建议。

多出精品　弘扬品牌　优中选优　追求卓越★

在举世瞩目的北京奥运会即将召开前夕，我们在这里隆重集会，召开第三届中国出版集团图书奖颁奖大会。

中国出版集团自从成立以来，在中宣部、新闻出版总署等有关部门的指导和支持下，在建设、改革和发展的过程中，始终坚持正确的出版导向、坚持挺拔主业，走过了一段不平凡的历程。集团新一届领导班子成立以来，深入贯彻落实科学发展观，按照"高举旗帜、围绕大局、服务人民、改革创新"的要求，加快改革发展步伐，各项事业呈现出蓬勃发展的新局面，在多出精品、弘扬品牌、提升两个效益方面取得了新的成果。本届图书奖所评选出的优秀出版物，就是这些新成果的代表，是集团出版事业不断做大做强的一个缩影。

本届中国出版集团图书奖的基本情况如下。

第一，中国出版集团图书奖起源于新闻出版总署的署直图书

★　2008 年 8 月 6 日，在第三届中国出版集团图书奖颁奖大会上的讲话。

奖，光大于中国出版集团。中国出版集团图书奖评选活动每两年进行一次，迄今已是第三届。前两届，2003 年和 2005 年两次评奖、颁奖，通过精神鼓励、物质奖励和专家点评，激发了各出版单位多出书、出好书的热情和责任，取得了很好的效果，在业内外产生了很好的影响。

第二，中国出版集团图书奖评奖、颁奖工作的指导思想是：在"三个代表"重要思想和科学发展观的指导下，坚持正确导向，坚持社会效益第一、社会效益和经济效益高度统一，坚持公平、公正、公开评比，优中选优，提高质量、多出精品、提升品牌。通过评奖活动，表彰优秀图书和优秀出版人才，促进更多的精品图书和优秀人才不断涌现，推动集团图书整体质量和效益水平不断提高。

第三，集团图书奖的奖项设置情况是随着事业的发展不断丰富完善的。根据出版业发展的现状、评奖委员们的建议、集团出版工作管理的实际需要，集团图书奖在奖项设置上适时做出调整。首届集团图书奖设立了荣誉奖、综合奖（集团图书奖）和 5 个单项奖（优秀编辑奖、优秀选题奖、优秀设计奖、优秀校对奖、优秀印制奖）。第二届集团图书奖，集团在坚持抓好出版导向和精品战略的同时，还特别强调图书出版的"两个效益"，强调读者喜爱、市场欢迎，因此，在原有奖项设置基础上增加了"优秀畅销书奖"。

这一次的第三届集团图书奖，在总结前两届评奖经验的基础上，为响应国家实施"走出去"的战略，推进集团各单位优秀图书"走出去"的步伐，又增加了一个新的单项奖——"优秀'走出去'奖"。至此，集团图书评奖的单项奖由第一届的5项调整为本届的7项。目前的单项奖设置，能比较全面地反映集团图书的整体情况，全面推动集团出版主业的整体发展；同时，有利于鼓励不同岗位的编辑出版人员各自做好策划、编辑加工、校对、营销、"走出去"、印制、设计工作，做到业有所长、术有专攻、人尽其才。

第四，这次图书评奖的工作程序和要求。集团制定了各社自评推荐，集团组织专家初评、复评，集团总裁班子最终确定的工作程序。评奖过程严格依照《评选方案》和评选程序进行，充分尊重评委意见，努力做到公平、公开、公正，不搞出版社之间的平衡。评委会希望，通过严谨细致的评选工作，把真正能够代表集团水平的优秀图书和精品力作评选出来，使得获奖图书真正能够经得起社会、读者和历史的检验，真正能对集团产品线建设和出版工作起到示范和引导作用，真正能够对有贡献的作者、出版者起到表彰和奖励的作用。

第五，本届评奖的基本过程及结果。本届评奖工作开始以来，各单位表现出很高的热情，踊跃参评，最终有135种图书进入评奖程序。

在初评和复评两个程序中，共聘请了近30位业内的资深专家、出版家担任评委，所有入围复评和入围图书奖的图书都经各位专家民主评议和无记名投票产生。初评工作于3月7日结束，共评选出 66 种图书进入复评。复评工作于 5 月 23 日结束，最后评选出入围"图书奖"（综合奖）和单项奖的图书 54 种，其中入围"图书奖"图书 19 种，入围优秀选题奖 5 种、优秀编辑奖 4 种、优秀设计奖 5 种、优秀校对奖 5 种、优秀印制奖 6 种、优秀畅销书奖 5 种、优秀"走出去"奖 5 种。此外，评奖期间曾荣获中宣部"五个一工程"奖或新闻出版总署"中国政府奖"的 15 种图书，则直接入围本届图书奖的"荣誉奖"。复评结果最后经 5 月 26 日的集团总裁办公会讨论后，一致通过。

对于荣获第三届中国出版集团荣誉奖、图书奖、单项奖的图书，将颁发奖牌、证书和奖金。其中，荣获本届中国出版集团图书奖（综合奖）的图书每种给予奖金 1 万元，荣获 7 个单项奖的图书每种给予奖金 3000 元。此外，本届对获得荣誉奖的图书，每种也给予奖金 1 万元，这与往届不同，是集团加大奖励面、鼓励大家多争取全国性奖励的新举措。

最后一点需要说明的是，2008 年是极不平凡的一年。围绕抗击冰雪灾害、西藏"3·14"事件、"5·12"汶川大地震以及举办北京奥运会等一系列重大事件，集团公司及各成员单位，从党和国家大局出发，从出版人的使命出发，及时出版了《抗击冰雪，心系人民》《冰雪突围——2008 抗击冰雪大纪实》《谎言与真相》《西藏今昔》《抗震救灾自助手册》《心理援助 100 问》《奥林匹克文化丛书》《五环旗下的中国》《八月狂想曲（听书版）》等近 100 种重点图书，充分体现了国家出版宣传主阵地的积极作用。这些图书，在社会各界以及广大读者中间产生了巨大反响，也产生了很好的社会效益和经济效益。鉴于此类图书的出版具有重大的政治和社会影响力，意义特殊，以及出版周期的不断下延，集团决定本次图书奖暂且不予以体现，将在 2008 年年底专门召开大会对这类图书和相关出版单位予以表彰，以激励各单位配合党和国家工作大局的积极性，增强大局感、责任感和使命感。

透视奥运新闻事件 诠释中华文化内涵★

2008 北京奥运会世界瞩目、全国关注。为做好奥运会宣传报道工作，中国出版集团公司按照上级要求、结合自身特点，在服务奥运、宣传奥运方面作了精心部署和周密安排。尤其是在 8 月 8 ～ 24 日期间，组织了有关报刊专题宣传报道、奥运书报亭销售、相关出版物出版等"三大战役"，建构了立体、快速、便捷、密集的奥运宣传服务网络，多方位、多层次、多角度、多形式地为北京奥运会提供新闻宣传和出版服务，为奥运会的圆满召开提供了舆论保障和智力支持。

一、新闻宣传报道及出版情况

1. 统计数据

8 月 8 ～ 24 日，集团共有 10 名奥运非注册记者、5 家报刊

★ 中国出版集团奥运会宣传报道总结报告，撰于 2008 年 8 月 26 日。

发表专门报道 350 多篇；已经出版奥运有关图书 39 种；设有奥运书报亭 93 个，上架报刊 140 种、图书 1000 种、音像电子制品 200 多种，其中在北京的 7 个奥运核心区的书报亭的报刊销售数量 6962 份，图书（含明信片，人名卡）销售 10874 册，音像电子制品销售 4378 张（套），销售总金额 80.2 万元。

2. 新闻报道

集团 10 名非注册记者以及《三联生活周刊》《中国图书商报》《新华书目报》《百科知识》《小百科》等 5 种报刊的众多编辑记者参与了对奥运会的专门报道。

《三联生活周刊》累计共发 300 多篇奥运文章。在奥运会正式召开前连续 8 期开辟了《奥运改变中国》专题——"奥运倒计时"系列。还开辟了《奥运巨星》和《体育故事》等小栏目，并在 2008 年 7 月 28 日开辟专刊《2008 北京奥运指南》。

奥运会期间，《三联生活周刊》已经出版《平安奥运的国家能力：有朋来不亦乐乎》《礼之用　和为贵——奥林匹克盛典的中国宣言》《王者菲尔普斯——还有什么极限不能突破》等三期专刊，累计 400 多个版面近 100 篇文章，产生了强烈的社会影响。中宣部《出版阅评》8 月 18 日专题登载了《〈三联生活周刊〉推出专刊解读北京奥运会开幕式》，对集团公司服务北京奥运会的表现给予了高度肯定。

《中国图书商报》奥运会期间分别在要闻版、传媒周刊版、新媒版、教育大众版、营销读品专版等，发表奥运文章 36 篇，其中 8 月 8～24 日共发表专题报道 15 篇。同时，出版了《奥运读品》专刊，详细介绍奥运出版物、奥运文化、奥运地图、奥运北京消费，以出版物引领奥运文化。在奥运期间出版的 4 期报纸，每期头版均安排奥运要闻报道，并设专版专题报道，重点关注奥运文化。

《新华书目报》奥运会期间重点介绍奥运文化活动、奥运图书宣传、涉奥专题策划等，已经出版 9 期报纸，发表了 20 篇（次）涉及奥运的宣传报道。每期头版安排奥运要闻报道，并对运动员和奥运志愿者进行人物专访。

《百科知识》杂志自年初至奥运会召开期间一直开辟《奥运进行时》专刊，并在《地理风物》专刊增设了奥运专题，从科技、人文的角度谈有关奥运的知识。自 8 月 8 日起已刊登《选择有"金牌基因"的运动员》《空气质量与奥运比赛》《起跑与发令枪》《魔高一尺，道高一丈——兴奋剂与反兴奋剂》《曾经的奥运城市——赫尔辛基》等 5 篇专文。

《小百科》杂志针对少年儿童颇感兴趣的运动员比赛和生活情况、志愿者服务、新闻记者如何工作等话题，在"XBK"聊天室、体育俱乐部、封二或封三等栏目中，以奥运为主题，围绕小读者感兴趣的话题，以喜闻乐见的形式介绍相关知识。在 2008 年 1～7 月，已经设置 5 期共 38 个版面的专题报道。在奥运会开始后，又设置 3 期共 23 个版面的专题报道，其中在 8 月 8～24 日有 13 个版面 10 多篇文章的专题报道。

3. 奥运书报亭销售等出版专项服务

集团公司旗下的中国图书进出口（集团）总公司是北京奥组委授权的"奥运书报亭"唯一运营商；人民音乐出版社是北京奥组委授权的所有奥运歌曲唯一出版商；中新联数码科技公司是北京奥组委指定的唯一光盘复制商；中国大百科全书出版社是与北京奥组委签约的图书编辑制作商（已编辑制作奥组委委托的图书200余种，按协议，这些图书出版时只署北京奥组委名号、不署出版社名号）。作为面向来自国外运动员以及友人的文化窗口和宣传平台，中图公司的奥运书报亭尤其引人注目。

经奥组委授权，中图公司共设有奥运书报亭93个。其中，在奥运核心区设有8个（北京7个、青岛1个），在涉奥酒店设有74个，在机场设有11个。奥运书报亭中的文化产品包括报纸、期刊、图书和音像电子制品。其中，报刊共有140种，包括中国报刊40种，国外原版报纸期刊100种；图书共有1000种，包括国内出版的图书500多种——大都是中外文对照的图书，国外原版图书有近500种；音像电子制品有200多种，包括国内出版的150种，国外的50多种。

奥运书报亭的各类出版物受到了国内外友人的欢迎。在奥运书报亭的这些出版物中，中国出版集团自己的报刊如《三联生活周刊》《中国图书商报·阅读中国》《汉语世界》都醒目在列，集团公司出版的奥运主题图书和有关中国文化的中英文对照图书有150多种。

4. 奥运图书出版

集团迄今已经有 39 种奥运出版物出版。这些出版物，充分体现了中国出版集团出版门类广泛、形式多样的特点，既有文学类的长篇小说、报告文学，又有综合类工具书、专业术语、语言学习类图书，还有连环画、书法类等图书；既有传统的纸质图书，又有音像电子制品和数字图书。主要包括：

人民文学出版社的《五环旗下的中国》《福娃系列（小说版）》7 种，商务印书馆的涵盖 7 个语种的《奥运汉语 30 句》，中国大百科全书出版社的《奥林匹克百科全书》，世界图书出版公司的《奥林匹克文化丛书》6 种和《汉英北京 2008 年奥运会、残奥会常用词语手册》，中国美术出版总社的《福娃故事》丛书 4 种、收录当代中国 69 位著名画家 85 种绘画作品的《丹青陶韵 2008 中国著名画家陶艺挂盘》画册和艺术陶盘，中国对外翻译出版公司与华旗资讯（爱国者）公司合作的"听书版"《中外双语经典名著系列》10 种和国内目前唯一以北京奥运会为主题的原创长篇小说《八月狂想曲（听书版）》等。

二、特色专题专栏专刊

在集团的 5 种专门服务奥运会的报刊中，已经形成了一些特色鲜明、影响较大、反响较好的专题专刊专栏。

《三联生活周刊》奥运会前夕的"纪念册"和"倒计时"专栏

回顾了中国人民申奥、迎接奥运会的不平凡的心路历程，表达了中国人民期盼百年圆梦的心声。奥运会召开期间,连续刊发 3 期"北京 2008 奥运专刊",从平安奥运的国家能力、开幕式展示的文明古国的礼仪形象、挑战极限的奥运精神等新颖别致的角度，显示了一个负责任的大国为奥林匹克事业所付出的努力和所作出的贡献。

《中国图书商报·奥运读品》专刊，将"读品"的新概念与奥运会这一重大事件相结合，浓墨重彩地介绍了奥运出版物、奥运文化、奥运地图、奥运北京消费，以出版物引领奥运文化。

《百科知识》的"奥运进行时"专题到现在已经持续了 8 个月，从科技知识和人文知识的传播角度对奥运故事和奥运人物进行了深入细致的挖掘和解读，具有很强的知识性和趣味性，在青少年读者中产生了比较好的影响。

三、重要篇目和标志性言论

1. 《三联生活周刊》

《2008 年:从奥林匹亚出发》描述了北京奥运会圣火点燃激情、传递梦想的传奇过程，强调"19 个境外城市、116 个境内城市和地区，历时 130 天，跨越 13.7 万公里的总里程"，带给全世界的"是中国人民自强不息的精神，是奥林匹克'互相了解、友谊、团结和公平竞争'的精神"。

《礼之用 和为贵——奥林匹克盛典的中国宣言》告诉人们"一

部 2008 年北京奥运会开幕式，堪称一部以奥运语言庄严展示的中国宣言，其中所有内涵，可以用'礼之用，和为贵'来体会"。文章认为，北京奥运会开幕式象征着中国对全世界做出庄严承诺——"强盛起来的它将以温和绥四方，重新以礼仪通天下"。

《何振梁：梦圆之日》引用何振梁的谈话告诉读者，我们的会标、会徽、开幕式融合了整个东方文化，我们提出的"同一个世界，同一个梦想"的口号更是鲜明地传达了"和为贵，四海之内皆兄弟也"的和谐文化主张。

2. 《中国图书商报》

《作家们眼中的北京奥运会》一文指出，"写书的人应该竭尽全力拥抱时代，体验正在发生的一切。对于北京奥运这种千载难逢的事件，他会全心全意关注。这些奥运会的体验是宝贵的财富"。该文还指出，通过奥运会，外国人将看到"中国更文明、更进步、更开放、更民主自由、更繁荣，人和人之间也更和谐"。

《我国建立奥运知识产权保护体系》一文介绍了我国出台的《奥林匹克标志保护条例》从法律上加强了对奥运知识产权保护力度。

《奥运书报亭，建在国门里的"走出去"工程》则对奥运书报亭借助奥运会的契机实现了中华文化"走出去"的新途径。

四、创新思路与相关机制

在服务奥运的过程中，中国出版集团切实将"人文奥运·绿色奥运·科技奥运"的理念和宣传出版业自身的特点及其固有属性相结合,积极主动地进行选题角度创新、传播载体创新和宣传机制创新。

1. 选题角度创新

在图书选题和新闻报道选题的策划上,不仅从宏观上高屋建瓴地关注奥运会这一重要历史事件所富有的历史意义和时代内涵,而且还以细腻的笔法,透过一些关键性细节或个性化场景或普通人群的视角,来反映一个民族的心灵在"大国崛起"进程中所经历的精神变迁,以及中华文化在新的全球化语境中表现出的和谐特质。

2. 传播载体创新

中国出版集团与华旗爱国者公司合作的"妙笔"听书产品《八月狂想曲(听书版)》,刷新了传统的书籍复制阅读方式,通过先进的数字水印技术让书不仅可以看,还可以用来"听"。而且,该项产品节约纸张成本,环保性强,还具有很高的版权保护功能。

3. 宣传机制创新

集团公司为奥运宣传报道专门建立了"绿色通道"传达机制,主要是根据中宣部和新闻出版总署的有关部署,建立了一把手负责、专人盯防、信息在第一时间畅通无误的传播机制。集团领导每天准时参加奥运新闻宣传小组的新闻通气会,并在第一时间通过出版业务部及时向各出版单位尤其是报刊单位的负责人以及非注册记者和专职编辑,准确传达每日新闻通气会以及《北京奥运会新闻宣传工作通讯》的精神。各有关新闻出版单位责任人每天向集团回馈相关报道和信息，奥运书报亭负责人每天向集团反馈出版物销售情况，对舆情进展进行 24 小时跟踪督察，确保万无一失。

五、主要经验

1. 领导高度重视，积极推动

中宣部、新闻出版总署领导非常关心集团公司的奥运宣传工作。中宣部领导多次过问集团公司相关报刊的报道安排及相关出版物的出版情况；新闻出版总署领导冒着酷暑视察中图公司的奥运书报亭，给予高度评价和现场指导，并对集团相关宣传报道工作给予关心支持；中宣部新闻局、出版局也及时对集团公司的宣传报道和相关出版工作给予关心、帮助和指导。集团公司领导班子高度重视奥运宣传出版工作。在奥运会正式召开之前，聂震宁总裁和分管的刘伯根副总裁多次召开专题会议，精心部署全集团的奥运图书报刊的出版和报道工作，并出席奥运书报亭誓师大会和《八月狂想曲（听书版）》新闻座谈会，使奥运出版宣传工作提前预热。在奥运会正式召开后，每天参加奥运新闻宣传小组的新闻通气会，利用"绿色通道"传播机制及时将相关情况通报下去。

2. 启动多种手段，构建服务奥运的立体化网络

集团公司通过奥运新闻的报道采访、奥运书报亭的渠道销售、

奥运图书的出版，形成了宣传、出版、销售三位一体的网络，扩大了服务奥运的信息覆盖面，使得奥运宣传工作落地生根并全面开花结果。

3. 采用多种形式，不断创新传播载体

通过图书、报纸、期刊、音像、电子出版物、互联网出版物等不同形式的传播载体来服务奥运，充分发挥每一种传播载体的最大优势，形成强大的传播合力。

4. 秉持专业视角，彰显人文色彩

从专业化的角度来策划选题、组稿、编稿，分析挖掘表象后面的深刻本质，体现出人文关怀和科技理性的合一，体现"绿色奥运·人文奥运·科技奥运"的特色。中宣部 8 月 18 日《出版阅评》将我们的工作肯定为："以文化视角透视新闻事件，以细节诠释文化内涵，以幕后故事和深度解读，传达中华民族价值观念。"

5. 以服务奥运为契机，加大出版科技创新，着力推进数字出版

集团公司联合华旗公司推出了《八月狂想曲（听书版）》和《中外经典名著汉英双语听读版》（10 种，包括《论语精选》等）。这些是以"听"为主要阅读方式并且可以随身携带的数字出版物。其中，《八月狂想曲（听书版）》是目前国内唯一一部奥运主题的原创长篇小说。8 月 13 日中央电视台新闻联播中，专门报道了"听书"出版物《论语精选》。

《乡土瑰宝》，乡土建筑之精髓★

清华大学建筑学院的陈志华教授、楼庆西教授和李秋香教授，以及他们率领的教师、学生团队，长期从事中国乡土建筑的考察、研究，历时 20 个年头，走遍 70 多个村落，积累了丰富的资料，形成了丰硕的研究成果。这些成果，集中体现在生活·读书·新知三联书店出版的《乡土瑰宝》系列丛书当中（已出版 9 种：《村落》《住宅》《庙宇》《宗祠》《文教建筑》《千门万户》《雕塑之艺》《雕梁画栋》《户牖之美》）；这些成果，对于留存乡土建筑精髓，对于记录乡村社会发展脉络，对于传承民族文化精神，将是功德无量的。

在人类文明史上，乡村和土地是人类农耕文明的发源地，也是人类薪火相传、生生不息的自然母体。散布于我国民间土地上的千千万万的古老村落，村落中的老宅子、老庙宇、老祠堂、旧门旧窗，以及那些斑驳的雕梁画栋，这些乡土建筑不仅是记录农

★ 2008 年 9 月 2 日，在"乡土瑰宝 20 年"讲座上的讲话。

耕文明向现代文明演进的文化符号，也是反映我国古代社会政治、经济、文化变迁的活化石，还是折射民族思想和智慧之光的精神家园，在我国的建筑史和社会发展史上有着重要的历史文化价值，是弥足珍贵的民族文化瑰宝。随着社会的变迁和工业文明的崛起，这些古老的乡土建筑日益面临生存的危机，抢救它们、保护它们、守护它们，既是光荣的使命，也是艰巨的任务。陈志华、楼庆西、李秋香三位学者以及他们的团队，以勇于担当的精神，不计名利，不辞劳苦，二十年如一日，深入乡间田野，通过艰辛的实地调查，积累了2000多张宝贵的乡土建筑测绘图片和大量的资料。《乡土瑰宝》系列丛书正是学者们汗水和智慧的结晶，它不仅生动地展现了乡土建筑的独特风貌及其社会历史文化内涵，形象地揭示了一个乡土世界在中国现代化进程中所作出的独特牺牲和贡献，还极富感染力地表现了几代学人为我国建筑文化事业所倾注的满腔热忱和拳拳之心。在此，我们不能不由衷地敬佩！

中国出版集团是我国出版业的主要基地，所属29家出版社，向来以昌明学术、扶持学林、传承文化、传播文明为己任。近几年来，集团公司联合集团内外几十家出版单位，打造了《中国文库》《大中华文库》等一批致力于文化建设的重大出版工程。对生活·读书·新知三联书店《乡土瑰宝》系列丛书的出版，集团公司也非常关注，早在2005年就将这套丛书列入集团"十一五"重点出版规划，给予政策倾斜和出版支持。这套丛书本身，以其高质量、高水平获得了学术界和出版界的推许，先期出版的《户牖之美》一书曾荣获中华优秀出版奖提名奖，《雕梁画栋》一书曾荣获中国出版集团优秀印制奖。可以说，目前这套丛书已具备一个很好的基础，我们会一如既往地关注和支持它的后续出版工作。

有一位曾经的国家领导人，对我说过："历史是人民写的。"他说这句话，当然有他的角度、是他的感悟。我现在想借用这句话说说我的感悟，那就是，乡土建筑是千千万万黎民百姓书写的历史。其实，这个意思，法国大作家雨果早已说过，他说："建筑是石头的史书"。确实，乡土建筑不仅是书写我国建筑文化的史书，也是联接古代文化和现代文明的纽带。为了这个纽带不至于在我们手中中断，我们作为出版人，愿意和广大的像陈志华先生、楼庆西先生、李秋香女士这样的学者一起，共同努力，更好地挖掘、继承和弘扬优秀的中华传统文化，促进传统文化和现代文明的有机融合，为构建中华民族共有的精神家园作出应有的贡献！

以改革开放成果纪念改革开放 30 年[★]

今天，我们以学术论坛和出版座谈的形式，用我们的学术成果、出版成果来纪念改革开放 30 周年，具有特别积极的意义。30 年来，神州大地发生了翻天覆地的变化，政治安定、经济持续高速发展、社会和谐、文化繁荣、国际地位日益提高。成就辉煌，举世瞩目。隆重纪念改革开放 30 年，及时总结 30 年来的发展成果、发展经验、发展规律，是我们学术、思想、文化界认真落实中央部署，围绕中心、服务大局的重要举措。

就出版方面而言，自 2008 年年初起，我们中国出版集团就在中宣部和新闻出版总署的指导下，在学术理论界的支持下，组织集团公司所属的 20 多家出版单位，策划了 115 种重点出版选题和 16 项重大出版活动，多方面、多角度、多层次地宣传和纪念改革开放。今天这套由中国大百科全书出版社出版的《改革开放 30 年丛书》，是集团纪念改革开放的重点选题，编辑出版过程

★ 2008 年 11 月 16 日，在纪念 30 年京沪论坛暨《改革开放 30 年丛书》座谈会上的主持词。

中得到了中宣部、新闻出版总署以及集团公司的高度重视和精心指导，并被新闻出版总署列为纪念改革开放 30 年百种重点图书。

这套丛书同样得到了上海市委宣传部的高度重视和大力支持。在上海市委宣传部的领导下，上海市社科学联组织知名专家，对 30 年来的伟大成就进行了专题研究，形成了一组重大科研成果。这些成果，构成了洋洋 5 卷本的《改革开放 30 年丛书》，分别总结了《中国的大国经济发展道路》（经济学卷）、《政治有效性与国家发展》（政治学卷）、《中国社会生活的变迁》（社会学卷）、《当代中国的文化发展》（文化学卷）、《国际体系中的中国角色》（国际关系学卷）。这套丛书，从学理层面针对 30 年来我国经济改革的转型与成就、政治发展的历程与经验、社会变迁的结构与整合、文化思想的发展与成因、对外战略的演进与轨迹，作了细致的梳理和精辟的总结，发表了不少新颖独到、富有原创性的见解，很大程度上代表了学术界对改革开放 30 年进行深层思考的最新研究成果。

特别需要说明的是，这套丛书的出版单位中国大百科全书出版社，作为中国出版集团的重要成员，成立于 1978 年 11 月 18 日，本身就是改革开放的产物。30 年来，在邓小平等党和国家领导人的亲切关怀下，在社会各界的大力支持下，中国大百科全书出版社先后出版了《中国大百科全书（74 卷）》《中国大百科全书简明版（12 卷）》《不列颠百科全书（20 卷）》《中国百科大辞典》等一大批开风气之先的、具有自主知识产权的经典出版物，并且即将推出《中国大百科全书（第二版）》。这些，使得中国大百科全书出版社成为我国改革开放时期的出版文化重镇。2008 年是改革开放 30 年，同时也是中国大百科全书出版社建社 30 年，从这个意义上说，由中国大百科全书出版社来出版《改革开放 30 年丛书》，实在是相得益彰，别有纪念意义。

《大都市》的光荣与梦想★

　　2008 年是改革开放 30 周年。30 年来，我国经济繁荣、社会稳定，人民安居乐业，大国正在崛起。《大都市》作为国内较早出现的时尚类杂志，由中国出版集团公司主管、东方出版中心主办。它创刊于 1998 年，本身也是改革开放的历史产物。在改革开放的第三个十年里，它从无到有，由小到大，经历了一段不平凡的创业历程。

　　10 年来，《大都市》杂志坚持正确出版导向，立足于引领城市文化潮流、倡导高品位现代生活，成功地与国外知名品牌杂志《BIBA》合作，出版面向白领女性的《大都市 BIBA》上半月刊，以及面向都市男性的《大都市 Metropolis》下半月刊，形成了独特的办刊理念和刊物风格，表现出较强的专业意识和创新精神，在我国时尚界和期刊界产生了较大影响，受到广大读者的喜爱和社会各界的认可。《大都市》在 2005 年荣获"欧莱雅媒体专家奖"，

★　2008 年 11 月 19 日，在"2008 大都市之夜"晚宴暨《大都市》杂志十周年庆典艺术晚会上的致辞。

2006 年荣获中国出版集团第二届报刊奖"最佳印制奖"。除了精心办好刊物之外,《大都市》杂志社还积极组织策划了"中国新绅士评选""大都市慈善之夜"等大型文化活动和公益活动,很好地体现了一个出版企业的文化使命感和社会责任感,为培育新型文明风尚、促进城市文化繁荣发挥了积极作用。

中国出版集团作为我国出版业的主阵地,拥有 29 家出版单位、44 种期刊以及 3 份报纸。集团公司及所属东方出版中心一直高度重视《大都市》的出版经营工作,在宏观政策和具体经营上给予了多方面支持。《大都市》通过十年的探索和发展,已经取得比较明显的成绩,在集团公司的期刊方阵中起到了一定的示范作用,集团公司也将一如既往地对《大都市》的进一步发展给予支持。

十年对于一个人的成长来说,是一个初有积累的时间;十年对于《大都市》的发展来说,是一个继往开来的时刻。我希望《大都市》将 10 周年庆典作为新的起点,抢抓机遇,永续创新,创造出更好的社会效益和经济效益。我也祝愿《大都市》不断超越自我,迎接新的挑战,努力成长为国内一流的时尚刊物,创造未来 10 年的辉煌与光荣。

放歌 30 年，出版活动浓墨重彩★

　　隆重纪念改革开放 30 年，是党和国家政治生活的一件大事，也是中国出版集团 2008 年各项工作的重中之重。集团公司领导班子对此一直高度重视，自 2007 年起就多次作出有关部署，各成员单位也从 2007 年年底开始精心组织策划各种相关选题与活动。2008 年年初，成立了由集团公司领导挂帅的"纪念改革开放 30 周年出版活动工作小组"，并在 3 月份召开专项工作会议，从"出版一系列重点图书""开展一系列重大出版活动""推出一系列重要报道"等三个方面对纪念活动进行了全面部署和具体安排。基本构建了以重点图书为核心、以重大活动为支撑、以重要报道为延伸的多形式、全方位、立体化的舆论宣传网络，从不同方面、不同角度、不同层次宣传了改革开放的伟大历程和历史意义，反映了改革开放 30 年来的辉煌成就和巨大变化，表现了全国人民昂扬振奋、积极进取的精神面貌。

★　2008 年 11 月 25 日，在"放歌 30 年——中国出版集团纪念改革开放 30 年"新闻发布会上的讲话。

一、出版了一系列重点图书

目前，集团已经策划出版了纪念改革开放的 102 种重点图书，包括七大重点书系和相关重点图书。

1.《名社 30 年书系》（11 种）

反映集团一些"老字号""国字头"的出版单位在改革开放 30 年中的发展历程和所作的文化贡献。比如，人民文学出版社的《光荣与构想》一书介绍文学社发现文坛经典作品的故事，商务印书馆的《品牌之道》一书揭示了商务人塑造著名文化品牌的成功之道，生活·读书·新知三联书店的《永远的守望》一书反映了三联人坚守人文精神的具体实践等。

2.《名家 30 年访谈书系》（6 种）

主要针对改革开放 30 年来我国经济、科学、文学、美术、音乐、思想等六个领域表现活跃、成就突出的代表性名家，进行一对一采访，如《风雨兼程——中国著名经济学家访谈录》访谈了于光远、吴敬琏、林毅夫等先生；《科技兴邦——中国著名科学家访谈录》访谈了吴文俊、袁隆平、欧阳自远等先生；《万千气象——中国著名文学家访谈录》访谈了陈忠实、王安忆、苏叔阳等先生；《画坛春秋——中国著名美术家访谈录》访谈了吴冠中、范曾、陈丹青等先生；《乐苑秋实——中国著名音乐家访谈录》访谈了吴祖强、徐沛东、谷建芬等先生；《战略高度——中国思想界访谈录》访

谈了胡鞍钢、温铁军、房宁等先生。通过这些专家的真实感受和
丰富经历，反映了这些学科 30 年的快速发展和变迁。

3.《改革开放 30 年原创文学精品书系》（13 种）

这套丛书入选新闻出版总署"纪念改革开放 30 年百种重点
图书"。这些文学精品中，著名作家蒋子龙花费 13 年心血推出的
第一部农村题材长篇小说《农民帝国》，形象地表现了 30 年来一
群农民的生活起伏与心理嬗变轨迹；著名作家赵本夫创作的长篇
小说《无土时代》，探讨了人与土地、人与自然的关系，表达了
人类对生活、对土地的渴求和向往；作家吕雷、赵洪历时 4 年创
作的报告文学集《国运——南方记事》则是一部全景式反映广东
改革开放历程的史诗性作品，它以广东省委前书记谢非等改革先
驱人物为经线，以南粤发展的大小事件为纬线，全面折射了中国
改革开放伟大历程的壮丽图景。这些作品故事生动，情节曲折，
感人肺腑，一上市就获得了广大读者的欢迎。

4.《纪念改革开放 30 年丛书》（5 种）

这套丛书由上海市委宣传部、上海社科联组织上海知名学
者撰写，代表了上海学术界纪念改革开放 30 年的最新学术成就。
包括《中国的大国经济发展道路》（经济学卷）、《政治有效性与
国家发展》（政治学卷）、《转型社会生活的变迁》（社会学卷）、《当
代中国的文化发展》（文化学卷）、《国际体系中的中国角色》（国
际关系学卷）。这套丛书，从学理层面针对 30 年来我国经济改革
的转型与成就、政治发展的历程与经验、社会变迁的结构与整合、

文化思想的发展与成因、对外战略的演进与轨迹，作了细致的梳理和精辟的总结，发表了不少新颖独到、富有原创性的见解，引起学术界的广泛关注。其中，《国际体系中的中国角色》入选新闻出版总署"纪念改革开放 30 年百种重点图书"。

5.《白玉兰文学丛书》（15 种）

辑录出版了改革开放以来 15 位有代表性的上海作家的代表性作品，如王安忆的《长恨歌》、陆星儿的《痛》、叶辛的《蹉跎岁月》、陈村的《从前》、赵长天的《不是忏悔》、孙甘露的《呼吸》、程乃珊的《金融家》、王小鹰的《丹青引》等。

6.《创新年代丛书》（8 种）

记录了 8 位富有创新精神的企业家的成长故事和心路历程，如《创新年代——精彩吴仁宝》《创新年代——银行家马蔚华》《创新年代——传奇任正非》《创新年代——商儒张瑞敏》《创新年代——奇人马云》《创新年代——激情俞敏洪》《创新年代——追梦人陈天桥》《创新年代——知性杨澜》等，生动地呈现了改革开放以来中国企业家群体不断成熟壮大的发展轨迹。

7.《改革开放 30 年优秀连环画代表作品选丛书》（20 种）

这套丛书以连环画形式重新改编了改革开放以来一批具有代表性的、影响深远的文学作品，包括《天云山传奇》《人生》《人到中年》《便衣警察》《贫嘴张大民》《平凡的世界》《白鹿原》等。

以上 7 大书系累计 78 种。此外，集团公司还组织出版了《30 年中国优秀文学作品选》（4 种）、《30 年中国经典话剧剧作选》（8

种）、《聚焦书业 30 年书系》（3 种），以及《深圳河》《改革三十年：经济文选》等 24 种纪念改革开放 30 周年的重点图书。

二、策划了一系列重大出版活动

2008 年初以来，集团公司组织策划了 15 项纪念改革开放 30 年的重大出版活动，其中已经重点举办的包括：

2008 年 3 月，中华书局和新浪网联合举办了"中华民族巨人传网上评选和全球征稿活动"，新浪网现场直播。

2008 年 4 月，人民文学出版社联合中国作家协会、人民日报文艺部联合举办了"改革开放 30 年文学代表作书系书目推介及评审活动"。

2008 年 6 月，中国出版集团公司与著名高科技企业华旗爱国者举办战略合作签约仪式暨奥运图书发布会。

2008 年 7 月，人民文学出版社联合中国作家协会重点作品扶持办公室、广东省作协举办了"长篇纪实文学《国运——南方记事》出版座谈会"。

2008 年 8 月，中国出版集团公司举办了"微笑北京——集团奥运图书新闻发布会"。

2008 年 9 月，中国出版集团公司和江西出版集团主办，中国图书商报、江西教育出版社共同承办了"改革开放 30 年最具影响力的 300 种书推介活动"等。

2008 年 10 月，人民文学出版社举办了"纪念改革开放 30 周年原创文学精品书系——《农民帝国》首发式"。

2008 年 10 月，举办了"三联书店合并成立 60 周年纪念会暨改革开放 30 年座谈会"。

2008 年 11 月，中国出版集团公司主办、上海社科联、中国大百科全书出版社承办了"纪念改革开放 30 年京沪学术论坛暨《改革开放 30 年丛书》出版座谈会"。

此外，中国出版集团公司近期还将举办的重大出版活动有：11 月 27 日的"'放歌 30 年'大型音乐会新闻发布会"；12 月初的"名家 30 年书系"首发式、"名社 30 年书系"首发式；12 月上中旬将举办"社会主义也可以搞市场经济——小平同志与中国百科全书事业纪念座谈会"。

特别需要说明的是，集团公司还有两项即将举办的重大出版活动：

1. "放歌 30 年——大型音乐会暨中国出版集团公司出版精品展"

这项活动将在 12 月初举办。其中，音乐会将在世纪剧院连续举办 3 场。3 场音乐会中，主场音乐会在 12 月 6 日举办，将演唱改革开放 30 年来最能代表时代特色的优秀歌曲，《乡恋》《军港之夜》《在那桃花盛开的地方》《爱的奉献》《同桌的你》《和谐中国》等不少经典歌曲由其原唱者李谷一、苏小明、蒋大为、韦唯、老狼、祖海等名家演唱。其他两场定于 12 月 2 日和 3 日举办，分别为民族乐队交响音乐会和管弦乐队交响音乐会，曲目选自集团公司所属人民音乐出版社出版的《中国当代作曲家曲库》。与 3 场音乐会同时、同地点举行的中国出版集团公司出版精品展，主要展出集团公司所属 29 家出版单位 30 年来的 2000 多种优秀图书、报刊、音像电子网络出版物等，包括"铭记改革开放""难忘 2008""集团成立以来的重大出版工程""出版'走出去'""缅怀我们的出版家""珍本典藏""名家手迹"等 17 个板块。精品展浓缩中国出版业 30 年来由书荒走向繁荣、由传统走向现代的光荣历程，形象地再现集团各出版单位 30 年来创新机制、增强活力、集约经营、塑造品牌、服务读者的发展道路。

2. "《中国大百科全书（第二版）》隆重出版暨向改革开放 30 周年献礼大会"

将于 12 月上旬举办。《中国大百科全书（第二版）》是由我国出版文化重镇中国大百科全书出版社组织海内外一批著名专家，费时多年，在《中国大百科全书（第一版）》的基础上精心修订、精心撰写、精心编辑、精心出版。它吸纳了哲学、社会科学、文学艺术、文化教育、自然科学、工程技术等学科各领域的国内外最新成果，不仅是我国最权威的百科全书，也是世界上规模比较大的几种百科全书之一。

三、推出了一系列重要报道

在新闻报道方面，集团的 47 份报纸期刊都从自身特点出发，从不同角度、不同层次、不同领域推出了众多篇幅的报道，产生了非常积极的社会影响。其中的重点报道如下。

1.《中国图书商报》

（1）2008年1月8日率先推出了《改革开放激荡书业30年历史烟云》《改革开放30年特刊》等，用13个整版，分别从30事、30人、30忆、30图、30年改革成就、30年阅读变迁、30年书业营销等视角，较全面地描述了30年来中国书业的历史变革。这是首都主要报纸中以改革开放30年为主题进行的首家报道。

（2）2008年10月，《中国图书商报》又连续展开了"30年中国最具影响力的300本书"推选活动，通过观众投票和专家遴选的方式从10个领域遴选300本经典作品。

（3）2008年11月18日再推出"纪念改革开放30年出版成就"专刊。这些报道都产生了很好的社会影响。

2.《新华书目报》

（1）2008年7月8日推出"记录我们的30年"大型报道，回顾和剖析了《十万个为什么》《现代汉语词典》《新华字典》《老照片》《白鹿原》等30年来的一批经典出版物对提高人们文化素养、丰富人们精神生活的作用。

（2）同时还推出："30年！那些杂志陪你走过"专题报道，选择了《读书》《读者》《三联生活周刊》等一批著名杂志作为代表，描述30年这些杂志对一代人心灵成长的滋养作用。

（3）2008年10月18日推出"改革开放30年新华书店看得

见的变化"专题和"改革开放 30 年图书馆界 30 件大事"专题,
反映了 30 年来新华书店和公共图书馆的变迁,及其对促进全民
阅读发挥的重要作用。

3.《三联生活周刊》

(1)结合十七届三中全会《中共中央关于推进农村改革发展
若干重大问题的决定》,2008 年 10 月第 39 期推出封面故事《安
徽小岗 30 年变迁:严宏昌的家庭史》以及系列文章,以一个普
通家庭作为透视个案,细腻逼真地表现出我国农村 30 年来的经
济飞跃和农民精神面貌的巨大变化。

(2)《三联生活周刊》结合十七大提出的关于文化发展繁荣
的精神,在 2008 年 11 月的第 43 期推出了封面故事《小堡村的
文化产业模板——栗宪庭的村庄史》以及系列文章,深刻挖掘了
著名文化创意产业园——宋庄小堡村作为"世界上规模最大的艺
术区"的成长过程,反映了"改革开放 30 年历史的具体情境"
给中国文化创意产业带来的勃勃生机与发展活力。《三联生活周
刊》还将从企业史等角度深入报道改革开放 30 年来的变迁。

4.《读书》

(1)2008 年第 7 期发表了著名经济学家张维迎的《理解中国
经济改革》一文。

(2)2008 年第 10 期发表了著名经济学家、全国人大常委会
副委员长成思危的《制度创新是改革的核心》一文。

(3)2008 年第 11 期发表了著名经济学家梁小民的《革命尚

未成功——读〈中国改革三十年〉》一文。

这一系列专题文章和报道，深入总结了我国经济改革 30 年来的宝贵经验，产生了深远影响。

为青少年推荐优秀读物功在当前，利在长远★

极不平凡的 2008 年刚刚过去，充满挑战、充满机遇的 2009 年已经到来。辞旧迎新之际，这么多教育专家、出版专家汇聚一堂，共同商讨向广大青少年推荐优秀作品，共同关注青少年的精神需求，共同关注青少年的未来——这实际上也正是民族、国家、社会的未来，共同担当我们教育工作者、出版工作者的责任，是一件特别令人感奋的事情。

借此机会，我谈几点想法，与大家交流。

一、关于教育读物

弄清什么是教育读物之前，首先要知道什么是读物。读物，从内容上讲，有的是提供一般信息，如新闻、股票行情、手册、名录，以供一时之用；有的是提供娱乐和消遣，这类读物可以陶

★ 2009 年 1 月 6 日，在全国教育读物工作大会上的致辞。

冶性情，因人择用；有的是提供知识与技能，阅读之，可以提高素质，长期受用；有的是提供思想与文化，这类读物可以塑造品质，终生受用。

教育读物通常指上述的后两类读物。对于青少年，应当保证其知识与技能类读物的阅读，从中汲取知识；加强其思想与文化类读物的阅读，从而健全心智；适当阅读娱乐和消遣类读物，从中获得快乐。

二、关于教育读物的出版

从中国出版集团的现实来看，全集团共有 30 家出版社，其中包括 11 家音像电子出版社，出版门类遍及文学艺术、文化教育、人文社科、科学技术、工具书等，每年出版 9000 种图书、1000 种音像电子出版物。9000 种图书中，专门针对青少年的教材教辅、课外读物、学习工具书大约四五百种，适合青少年阅读的图书大约一千四五百种，两项合计大约 2000 种，这 2000 种图书可以称之为教育读物。集团还出版 44 种刊物，其中针对青少年的约占五分之一，如《英语世界》《中华活页文选》《中华文学选刊·青少年版》《小百科》《中国中小学美术》《儿童漫画》《少年漫画》《漫画大王》。此外，中国出版集团还在 2004 年专门成立了现代教育出版社，主要出版教材教辅、助学读物、适合青少年阅读的普通读物。

为了提高出版能力，增加出版品种和规模，适应多层次、多方面的阅读需求，特别是新时代新生代青少年的阅读需求，中国出版集团还将人民美术出版社（含连环画出版社）与荣宝斋分立，将中国图书进出口总公司与中国出版对外贸易总公司合并重组成新的中国图书进出口（集团）总公司，鼓励商务印书馆向地方发展、开设分馆等等。此外，集团还在着力发展多媒体出版，包括电子出版、听书、数字出版网、在线阅读、个性化阅读等。

三、关于阅读的大环境

从国内形势看，改革开放 30 年来，中国的政治、经济、社会、文化生态发生了很大变化。产业结构调整、经济转型，劳动密集型向资本和知识密集型转移，劳动技能提升，社会文明程度提高，国际交流交往增多，这些都要求我们的青少年——未来社会的栋梁不断适应新的生存需要、新的生活方式、新的文化发展诉求，从而推动青少年产生新的阅读诉求。

从国际环境看，由金融危机带来的社会危机反映在书业，表现为图书供给大于需求，书店客流下降，出版社回款迟滞，出版能力下降。这同时也是一个机遇，我们都知道，美国 20 世纪 30 年代大萧条时期，电影和出版业却逆市上扬，因为看电影和读书是打发时光、积累潜能的好形式，是最便宜的消费方式。

无论是国内还是国际，无论是挑战还是机遇，都是我们向青少年提供优秀读物时需要考虑的因素。新时代新环境，青少年读什么？出版人能够向他们提供什么？这是我们共同面临的课题。

青少年的阅读方向影响着他们成长的方向，关系到民族的希望、国家的未来。关注、引导、帮助青少年多读书、读好书，是我们教育工作者、出版工作者的责任和使命所在，也是我们应有的追求。好的作品，传播丰富的科学文化知识，有利于更好地提升青少年科学素质和人文素质，开阔视野、陶冶情操，提高开拓创新能力、生存发展能力；有利于传承民族文化，使之薪火相传、生生不息；有利于塑造美好心灵、熔铸社会主义核心价值体系，推动社会的全面、协调、可持续发展。

为了青少年，我们教育工作者、出版工作者一起努力吧。

"百家讲坛"添新丁　爱情传奇谱新曲★

　　东方出版中心是中国出版集团的重要成员单位，中心出版的《中国四大爱情传奇》是集团向广大读者推荐的颇有新意的通俗文化作品。刚才，大家谈了自己对于图书出版、民俗文化传播以及我们中国民间爱情观的看法，这是一次多角度的文化碰撞、交融。大家如此关注、支持民间文化的传承、传播，令人感动，也让我们倍觉出版之路的任重道远。

　　近几年来，中国出版集团为挺拔出版主业，部署和实施了图书"双推计划"和产品线的建设，出版了"四个一批"好书刊——一批服务大局的好书刊，一批具有文化积累与创新价值的好书，一批优秀畅销书，一批载体创新的出版物。其中《正说清朝十二帝》《于丹〈论语〉心得》《马未都说收藏》等一批社会效益与经济效益俱佳的图书得到了读者高度评价，而这些图书的成功是与中央电视台的"百家讲坛"密不可分的。

★　2009年1月8日，在"百家讲坛"《中国四大爱情传奇》图书座谈会暨新书发布会上的讲话。

"百家讲坛"是在 2001 年开播的，它以"建构时代常识，享受智慧人生"为宗旨，邀请各界学者以通俗易懂的形式将历史、文化知识传播给大众，在专家和观众之间架起了一座知识的桥梁。2005 年以来，这个栏目选题聚焦中国历史和文化，逐渐形成了一套成熟的运作机制，创造出一种符合大众传媒特点的讲述故事化、呈现影像化、"坛主"明星化的风格，深受观众欢迎。据不完全统计，从"百家讲坛"直接诞生的图书有 30 多种，与"百家讲坛"合作出版图书的出版社有 10 多家，其中尤以中国出版集团公司下属的中华书局出版的阎崇年、于丹、马未都、周汝昌、马骏等人的作品引人瞩目。毋庸讳言，在出版社和"百家讲坛"栏目组的合作中，竞争也十分激烈。这一次东方出版中心与"百家讲坛"合作推出新书《中国四大爱情传奇》，既是彼此之间的认可与信任所致，也是东方出版中心在打造畅销书上的进一步探索。

多种媒体之间的相互合作已是一种趋势。图书与电视、网络媒体的相互冲击、借力、合作，是一种新的很好的文化传播途径；出版社在与电视、网络媒体的合作中，进一步丰富了图书出版的内容、表达方式，扩大了读者群体，提高了文化影响力。

东方出版中心是中国出版集团中唯一一家位于上海的国家级综合出版单位。过去，东方出版中心在大众文化图书方面做过一些积极探索，出版过余秋雨的《文化苦旅》、郭敬明的《爱与痛的边缘》、梁晓声的《欲说》等广受欢迎的图书，在畅销书运作上也积累了一定经验。2008 年，东方出版中心提出了以高品质学术类图书为旗帜，以大众普及型文化读物为主体的产品线方向，力图联系学界与大众，"跨界"不同媒体，在畅销书出版方面有所作为。而"跨界"，也正是"百家讲坛"栏目成功的主要因素之一，它满足了大众读者对于文化、艺术、历史知识的渴求，并且适应了大众读者获取知识的方式和路径。

《中国四大爱情传奇》中的爱情故事，早已在我国流传上千年，可以说是家喻户晓、妇孺皆知。爱情是人类的永恒主题，美丽动人的爱情故事还会永远流传下去。《中国四大爱情传奇》这本书的鲜明特点在于，作为浙江大学教授的作者段怀清先生将"述"与"评"结合起来，将俗与雅结合起来，重新梳理了这几个故事的来龙去脉、流传变化，重新发掘了其中的思想意义与时代精神，表达了中华民族同甘共苦、坚贞不渝的爱情观，传承了中华文化真、善、美的优秀传统。这种对于民间故事的提升再造，及其借助电视和图书的互动传播，在文化传播中都是一次新的探索。希望无论是作者还是出版方，还是"百家讲坛"栏目组，都能够从这一次的探索中汲取经验，为进一步焕发民间文化的生命活力多作贡献。

"双推计划"离不开渠道的支持★

出版发行界通常讲两句话，一句是内容为王，这是针对产品而言，要求出版物的文化含量高，出版质量好，读者喜欢看，看了收获大。另一句是渠道为王，相比之下，这句话更为重要，谁拥有了渠道，谁才能在激烈的市场竞争中拥有话语权、竞争力。从这个意义上来说，我对各位经销商朋友长期以来对我们的支持，表示由衷的敬意。内容为王，我们一直比较自信；渠道为王，有了各位经销商朋友的支持和帮助，我们现在也越来越自信。

中国出版集团"双推计划"由畅销书推广计划和常销书推荐计划组成。2006 年 4 月，畅销书推广计划正式实施，这是集团借鉴国外"先畅后销"的成功经验而发起的。这一措施与出版社一般的畅销书推荐有三个不同。第一个不同，这是在集团层面上对所属出版单位畅销书的集中推荐，不像一般的畅销书那样仅仅代

★ 2009 年 1 月 8 日，在中国出版集团"双推计划"年度优秀图书颁奖仪式暨媒体·经销商答谢会议上的讲话。

表一家出版社，而是代表着整个集团的产品布局和产品形象的宣传。第二个不同，我们的畅销书设立了由集团领导、出版单位分管选题或分管发行的领导，以及媒体代表组成的推荐委员会，建立了严格的评选推荐程序，是经过认真严格的研究和讨论才推荐出来的，体现了我们对产品负责、对读者负责、对市场负责的态度。这与那些注重炒作、依赖宣传的畅销书推荐方法不同。第三个不同，我们的畅销书经过了前后对比、主观与客观相结合这两个过程。通常理解的畅销书主要依靠销售数据，属于"事后追认"，在市场上销量大了就自然追认为畅销书。但我们的畅销书第一个过程是"严格推荐"，是在图书出版之前就向读者、市场发布，将图书潜在的畅销因素老老实实地告诉经销商，将图书有价值的部分实实在在地告诉读者，起到提前"服务经销商、服务读者"的作用，力求起到"引领市场"的功效。第二个过程则是市场的验证，市场发行一段时间后我们对照发行数据，对照监控销量，回过头来验证我们推荐的是否真正成了畅销书，用比照结果来调整我们的市场眼光，完善我们的推荐准则。

2007 年 4 月，我们又提出了"常销书推荐计划"。这一计划的提出主要基于三点考虑，第一，出版业的整体质量、文化门槛已经到了需要高度关注的程度，坦率地说，优秀常销书恰恰是提高出版业质量的真金子。第二，众所周知，中国出版集团在常销书上的优势比较突出，我们有责任大力推荐集团这些优秀的常销书去占领更大的市场。第三，常销书与畅销书是出版业的两大支柱，大力推荐这两类图书，其实是为出版业的健康发展考虑。

经过近三年来的实践，"双推计划"应该说发挥了很好的作用。大家都能看到，中国出版集团这些年来的畅销书明显增多了，以前我们的畅销书主要靠人民文学出版社，现在商务印书馆、中华书局、中国大百科全书出版社、生活·读书·新知三联书店、东方出版中心、中国对外翻译出版公司、现代出版社等都加入到了畅销书的出版行列。前几年我们畅销的文学书主要有《哈利·波特》，经济书主要有《富爸爸穷爸爸》。这些年来，我们的畅销书出现在各个门类，文学类有《长征》《所以》《藏獒》等，经济类有《蓝海战略》等，文化普及类有《于丹〈论语〉心得》等，生活类有《曲黎敏养生十二说》等，漫画书有《朱德庸》《老夫子》等；畅销的也包括工具书，除了《新华字典》《现代汉语词典》外，我们也有了《中国儿童百科全书·上学就看》等畅销书。

我们的优秀常销书更为可观，全集团每年出版8000多种图书，重印率在55%之上，这意味着有4000多种图书当年都要加印。在全国图书零售市场上，2006年我们有32663个品种在动销，2007年动销品种是35115种，2008年1～10月的动销品种就达到35862种。在市场上处于销售状态的图书，三年来呈现出连续上升的态势，图书的生命力从这里可以得到验证。

"双推计划"得到了业界和读者的关注，还得到了众多书城的厚爱。2007年底，我们和13家书城签署了"双推计划"战略合作协议。无论是供货，还是举办讲座、搞签售，我们都紧紧依托这些战略伙伴，欢迎有更多的书城加入到我们的战略合作伙伴关系中来。

对于 2008 年推荐的畅销书和常销书，我们通过事前推荐和实际销售比照，在 120 种推荐畅销书中评选出了 10 种优秀畅销书，精选比例为 1/12（0.8%）；在 360 种推荐常销书中选出了 20 种优秀常销书，精选比例为 1/18（0.5%）。从集团 2008 年共出版 8000 种图书的总量来看，这 30 种图书算得上优中选优，千里挑一。评选年度优秀畅销书和优秀常销书，既是我们"双推计划"工作的一个部分、一个环节，也是对在这项工作中表现突出的出版单位和图书予以表彰、予以激励，更重要的是，我们希望将这些精心挑选的精品，奉献给读者，奉献给经销商。

2008 年度优秀畅销书 10 种，销量最高的 52 万册，低的也有五六万册。包括：文学社的《藏獒 3》《农民帝国》，中华书局的《于丹〈论语〉感悟》《马未都说收藏》系列，百科社的《抗震救灾自助手册》，美术社的《我的第 1 本书——动物》，音乐社的《第 29 届奥林匹克运动会主题歌》，生活·读书·新知三联书店的《听杨绛谈往事》，中译公司的《曲黎敏养生十二说》，现代社的《家有妙招（2）》。

2008 年度优秀常销书 20 种。包括：文学社的《出版人》《中国当代作家:韩少功系列》，商务印书馆的《四角号码新词典（第 10 版）》《组织智慧》《商务馆中学生成语词典》，中华书局的《康熙大帝》《乔冠华与龚澎》，百科社的《彩图版小学生工具书系列》，美术社的《解构人体——艺术人体解剖》《亲近文学走近名著——三国演义》，音乐社的《和声学教程》，三联书店的《去圣乃得真孔子》《我仍在苦苦跋涉》，中译公司的《苏斯博士（双语版）》，东方出版中心的《国史札记·事件篇》，现代教育社的《美丽俏佳人》，现代出版社的《家有儿女系列》《漫画中国思想》，世图公司的《经济学的思维方式（第11版）》，商务国际的《汉语成语词典（缩印本）》。

需要说明的是，这些精选的图书中还包括了集团围绕大局、纪念改革开放30年的"主旋律"图书，比如文学社的《农民帝国》、服务抗震救灾的《抗震救灾自助手册》等。集团公司在"3·14""反藏独"活动中还曾推出了《西藏今昔》《诺言与真相》等图书。坚持导向，坚持社会效益第一的原则，坚持社会效益和经济效益的高度统一，是"双推计划"的基本原则。

2009年是新中国成立60周年。我们会进一步发挥"双推计划"这一市场推广的利器，力争推出更好更多的产品。比如，围绕庆祝新中国成立60周年，我们将推出800多种图书。一些珍贵典藏的常销书，比如商务印书馆的《汉译世界学术名著丛书》（400种）要整体推出，《中国文库》（第四辑）也要按计划推出100种。另外，还将推出《世界历史文库》（80种），这是集团的又一项标志性出版工程，属于引进版的世界重要国家的国别通史。

更重要的，我们将在2009年推出一大批的原创图书，约有150～200种。文学创作方面，《长征》的作者王树增2009年将出版《解放战争》和《朝鲜战争》两部力作，著名作家何建明的长篇纪实文学《中国石油》也将出版；原创学术著作方面，我们将出版《新中国六十年记忆丛书》《新中国文化史丛书》等等。

我们有信心将一些主旋律图书打造成畅销书，也希望能够一如既往地获得大家的支持。

愿《希腊神话》助力灾区的精神重建★

在汶川大地震这个举世震惊的危难时刻过去一周年之际，我们在此举行仪式，深切怀念特大地震的遇难同胞和为了抗震救灾而牺牲的烈士，同时向灾区人民捐赠《希腊神话》系列图书，献上一份爱心和精神支持。

一年来，在党中央、国务院的坚强领导下，灾区人民自力更生、全国人民大力支持、国际社会广泛支援，灾区的恢复重建工作取得了重大阶段性胜利。目前，灾区人民正在大踏步走向新的生活。新的生活，不仅包括物质的重建、生态的修复，包括学习、工作和生产的恢复，也包括精神、心理、思想、文化的铸造。向灾区捐赠图书产品，为灾区贡献精神食粮、提供精神支持，与灾区人民一起挺起文化的、精神的脊梁，坚定战胜困难、面向未来的信心和勇气，是灾区重建的重要内容，也是我们出版人义不容辞的使命。

★ 2009 年 5 月 15 日，在《希腊神话》系列图书捐赠仪式上的讲话。

中国出版集团作为我国出版业的"国家队"，一贯秉持强烈的社会责任感和使命感。地震发生后不久，我们已经通过捐赠、义卖等形式累计向灾区捐款2100多万元，出版了20多种关于抗震救灾、紧急避险、心理救助、疾病治疗的图书、音像制品，向灾区捐赠各类图书近20万册，为抗震救灾和灾后重建工作提供了应有的物质的和智力的支持。2008年地震发生后，集团的中国大百科全书出版社在16个小时内出版了全国第一本《抗震救灾自助手册》，火速空运至抗震救灾一线；集团的《三联生活周刊》在第一时间派出14名记者深入前线冒着生命危险采访，以4期专刊、近400个版面的篇幅重点报道了抗震救灾中的感人事迹，获得了国家级的嘉奖。前不久，《三联生活周刊》又派遣多名记者再次深入灾区采访重建工作，出版了名为"四川精神进行时"的专刊，获得了热烈的社会反响。

我们不会忘记，汶川大地震发生后，希腊政府向我国政府提供了20万欧元的紧急援助，表现出高尚的国际人道主义精神。今天，希腊大使馆出资5000欧元，联合我集团的中国对外翻译出版公司，向四川灾区的学校捐赠1000套《希腊神话丛书》，再次表现出对灾区人民的深情厚谊。对此，我们表示真诚的感谢！

众所周知，历史悠久的希腊文明不仅是欧洲文明的发源地，也是人类文明宝库中绚丽灿烂的瑰宝，涌现过诸如《荷马史诗》、希腊神话故事等许多优秀作品。这套从希腊原版引进的《希腊神话》系列图书，不仅很好地表现了古希腊文明的基本风貌，也表现了人类与灾难搏斗的勇敢与智慧。我们相信，这次捐赠的《希腊神话丛书》，将为灾区的读者特别是孩子们打开一扇了解希腊文明的窗户，帮助他们增添战胜困难、建设美好家园的信心和力量；同时，也会促进中希两国人民的文化交流、感情交流，架起一座友谊的桥梁。让我们衷心地祝愿：灾区人民的明天更加美好！中希两国人民的文化联系和友谊更加深厚！

打造书院　传承国学★

国学，是我们的思想源泉和文化根基。国学是我们中华民族赖以连绵不绝、不断繁荣发展的思想源泉，是我们能够长期自立于世界、自强于世界，鲜明地区别于世界各民族的文化根基。几千年来，从先秦诸子、楚辞汉赋、唐诗宋词、元代戏曲到明清小说，大到儒释道思想，小到社会礼仪、民族风尚、生活习俗，无一不浸透着国学的神韵。

国学需要传承。传播、研究、弘扬国学，是继承传统的需要，也是服务现实的需要，我们社会主义文化的大发展、大繁荣，只能是在了解、掌握传统基础上的继承，在继承基础上的研究、创新，在创新基础上的运用、发展、繁荣。我们刚刚惜别的季羡林先生和任继愈先生，是中华书局的顾问，也是整个中国出版集团的学术顾问。两位国学大师，不仅在学术上创造了划时代的成就，影响了几代学人；在治学、人格等方面，更是为世人景仰，具有垂

★　2009 年 7 月 26 日，在"百年老店创新意，打造国学新书院"中华私塾新闻发布会上的致辞。

范后世的意义。根基扎得深，才能涉猎广博，才能对今世有大作为、大贡献，才会"凤毛麟角"（毛泽东对任继愈先生的评价）。

国学的传承，有自己独特的方式。国学的传承，向来讲求因材施教，讲求领悟、交流、问难。学习者不是同他人竞争，而是向自己挑战；学习的过程是自觉的、积极的、快乐的；是在修身、养性、明理的基础上塑造人格，与他人、与社会更好地和谐相处，而非图一时之需、急功近利。这种长期的、渐近的、个性化的传承方式，在古代的书院、私塾中得到了最好的体现。我们今天重新打造书院式、私塾式的学习平台、学习环境，是很有针对性的。

由中华书局来主办中华私塾、打造国学书院，是理之所当、切实可行、行之有效的。中华书局是我国现代文化传播的重要奠基者，是弘扬学术、出版国学经典、传播民族文化的大本营。在中国出版集团公司的支持下，中华书局有责任、有条件、有能力，邀集名学、汇集同好，借鉴书院和私塾形式，打造国学交流和传承平台，提供师徒相授、以文会友、质疑问难的场所和环境，在交流中传承、发扬、光大国学，为中华文化的大发展、大繁荣作出新的重要贡献。

《时光之轮》，奇幻文学的新宠儿★

东方出版中心引进了一部优秀的奇幻文学经典作品《时光之轮》，并在 2009 年 8 月的上海书展上适时推出了第一卷《世界之眼》和第二卷《大猎捕》。在这届上海书展期间，东方出版中心的销售收入居集团各出版社的首位，其中这两卷《时光之轮》就售出了 312 套，市场反应良好，可喜可贺。

引进出版优秀的外国文学作品，在我国有着悠久的历史。改革开放以来的 30 多年间，外国优秀的严肃文学作品基本上都被引进出版了，并且具有较高的翻译质量和出版水准。而在通俗文学领域，由于进入门槛较低，大量作品被盲目引进、粗制滥造，一流作品与二三流作品龙蛇混杂。一些品质低劣、翻译粗糙的通俗文学作品，贴上"国际畅销书"的标签，以"短、平、快"的方式引进出版，充斥了国内市场。

"奇幻文学"一词由英文"fantasy"翻译而来，属于类型文

★ 2009 年 9 月 17 日，在《时光之轮》研讨会上的致辞。

学的一种，与一般的通俗文学作品不同，阅读时需要一定的专业知识背景。西方的奇幻文学作品，故事结构多以神话、宗教、古老传说设定，场景多在现实世界中加入超自然因素，规律多与现实世界规律相左。这些年，在哈利·波特系列和《魔戒》的带动下，奇幻文学的引进出版势头一路上扬，逐渐形成了相对成熟的读者群体，虽然它的核心读者人数有限，但却具备很大的上升空间，而且读者素质普遍比较高，其中不乏紧密关注国外文学动态的专业读者、关注国外出版动态的专业读者、自愿翻译小说的兴趣译者，这些读者、译者对于作者群体、作品内容、出版机构的选择都有严格要求，他们期望与出版社乃至作者有互动的机会。而这种期望，与出版社培养读者、耕耘市场的要求是契合的，出版社正好可以借此建构互动机制，提高选择、翻译、出版、营销的针对性，逐步建立规范有序、市场有效的奇幻文学引进出版模式。

一些敏锐的出版社意识到奇幻文学是一个蕴藏着巨大空间的图书市场，开始寻找好的作品并引进出版。地处上海的东方出版中心就有着这样的市场敏锐度。所以，当贝塔斯曼退出中国，从而导致《时光之轮》的版权外流后，东方出版中心当即签下了《时光之轮》的系列版权。

东方出版中心有出版文学作品的优良传统，经过近几年的发展，渐渐形成了自己的出版特色。此次进军奇幻文学市场，是东方出版中心锐意开拓、不断探索文学出版路径的新尝试，这样的尝试是可贵的。希望这种尝试会给东方出版中心带来一片崭新的出版天地。

　　希望《时光之轮》这个优秀的奇幻文学作品系列能为更多的读者所阅读、关注，在启迪智慧、丰富精神生活方面有益于读者，取得优异的市场业绩，达到社会效益和经济效益的良好结合。

当代教育要在传承经典上有所作为★

借此"中华诵·经典教育论坛"开坛的机会，我简要地谈几点想法。

首先，关于本次论坛的缘起和宗旨。我们认为，国学经典特别是儒释道诸家的传世经典，是中华民族的思想源泉和文化根基；传承经典、弘扬传统文化，在当今这个急剧变化的时代，对于抚慰民族心灵、启迪民族智慧、张扬民族个性、发挥文化优势、推动和配合民族复兴，有着很强的现实意义。经典的智慧要传承、传统的文化要弘扬，关键是依靠教育、依靠教师、依靠好的教育平台。"中华诵·经典教育论坛"正是试图提供这样一个平台。作为传承经典的重要阵地，中华书局与中国人民大学国学院一起，共同主办这个经典教育论坛，应该说是责无旁贷，也是正当其时。

其次，关于本次论坛的特色和重点。相对于传承经典的宏大话题，教育的实践则是比较具体的。如何把这两个方面有效地融

★ 2009 年 10 月 23 日，在"中华诵·经典教育论坛"上的讲话。

合，从经典传承的特点和与当代教育的特色出发，探讨经典的丰富内涵及其新时代下的具体应用，这是我们考虑的重要问题。为此，一方面，我们邀请了刘梦溪、彭林、钱文忠、金海峰等著名学者，从宏观上探讨传世经典的精髓，澄清大家对经典教育的认识；另一方面，我们也邀请教育专家，从现代的美育、礼仪、中小学经典教育现状、经典的文字学解读方法等不同的切入点出发，具体地、多角度地探讨经典教育的意义和方式方法。

最后，无论是经典传承还是当代教育，都需要有百年树人的意识。经典的传承、教育的改进，都不是一蹴而就的，实际上都是一个长久的过程。本次论坛只是提供一个探讨经典教育的窗口，主办方承诺为大家提供优质的讲座，同时也鼓励与会者之间多多交流、共同学习，更欢迎诸位把你们关于经典教育的相关论文提交给论坛组委会，以便组织专家审阅，选择优秀稿件结集出版。我们希望，通过参加本次论坛，大家都能以建设性的角色，对经典教育提出自己的见解。至于经典教育的落地生根和最终的教育实践，仍然需要在座诸位，尤其是来自教育一线的老师们来进行，主力还是各位老师们。

"中华诵·经典教育论坛"是第一次举办，以后每年秋季都会在北京举办一次。希望在座诸位持续关注、积极参与！

凝心聚力，共襄出版盛举★

一、《中国文库》总的出版情况

　　《中国文库》是由中国出版集团公司发起并组织实施的一项标志性出版文化工程，旨在全面整理总结 20 世纪以来中国优秀的文化成果和出版成果。收选范围包括 20 世纪以来在我国出版的哲学社会科学研究、文学艺术创作、科学文化普及等方面的优秀著作，分为 6 大类别。这些著作，对国家百余年来的政治、经济、文化和社会发展，都曾产生过重大的积极的影响，至今仍具有重要价值，是中国读者必读、必备的经典性、工具性名著。计划从 2004 年开始，用 10 年时间，出版 10 辑 1000 种名著。目前已经出版了 4 辑共 410 种，包括平装本、精装本两种形式。

　　入选作者，基本上是 20 世纪以来成就卓著的大师名家，出版的是其代表作品、时代名篇；这些大师名家，既包括王国维、

★　2009 年 12 月 25 日，在《中国文库·新中国 60 周年特辑》出版座谈会的讲话。

钱穆、鲁迅、胡适、陈独秀、金岳霖等近现代学术文化大师，也包括季羡林、任继愈、汤一介等当代学术大家，同时还包括近些年来具有突出成就的学术新锐。

为了驾驭好、组织好这套大型丛书的选编和出版工作，我们组建了阵容强大的编辑委员会，并聘请了一批德高望重的老领导、老出版家作为顾问；同时，在书目的甄别遴选过程中，特别聘请了一批学养深厚的专家学者，反复论证、严格筛选。凝心聚力、共襄盛举，选编好、出版好《中国文库》已经成为出版界、学术文化界的共识。

在出版方式上，《中国文库》坚持"开放、集约"的原则。具体来说，是以中国出版集团所属出版单位的精品图书为主体，同时广邀全国各兄弟出版单位加盟。2004 年推出的第一辑，加盟出版单位 24 家，其中集团外 2 家；第二辑加盟出版单位 34 家，其中集团外 13 家；第三辑加盟出版单位 34 家，其中集团外 23 家；第四辑即"新中国 60 周年特辑"的加盟单位共 35 家，其中集团外 26 家。前四辑总计所含出版单位为 97 家（次），其中，集团外加盟的兄弟出版单位有 64 家（次）。

"文库"前三辑出版后，形成了巨大的社会影响，产生了良好的社会效益和经济效益。并且，作为一种集约资源、集成出版单位、集合出版产品的模式，在出版界产生了很强的示范效应。

二、《中国文库·新中国 60 周年特辑》的出版特点

《中国文库·新中国 60 周年特辑》是在《中国文库》的总体框架下，为庆祝新中国成立 60 周年而特别推出的一套专辑，既是《中国文库》的第四辑，又具有相对独立性。

1. 从选目原则上看

第四辑入选图书主要为新中国成立以来的 60 年当中，中国大陆涌现的人文社会科学经典性著作。凡1949年前出版过的著作，不收；《中国文库》前三辑已经收选的作品，不重复收入，包括前三辑已入选的新中国成立 60 年来的代表性长篇小说，也不再收入单行本的长篇小说。

第四辑基本上以"人"为线索，选收 60 年来大师名家对新中国产生过重要影响的人文学术著作。这些著作不仅是作者个人的代表作，也是新中国 60 年来各学科发展中的奠基性、里程碑式著作，更是各加盟出版单位的"镇社之宝"。

学术方面，第四辑主要以改革开放 30 年来所形成的新的学术视野进行关照，诸多新学科的经典著作基本"一网打尽"。比如经济学方面，收有薛暮桥、孙冶方、张培刚、黄达、刘国光、厉以宁、吴敬琏、林毅夫等新中国三代经济学家的著作；又比如法学方面，同样将周鲠生、韩德培、郑成思、沈宗灵、梁慧星、陈兴良等法学家的作品收入其中。

文学方面则强调原创。王蒙、铁凝、史铁生等人的小说选，

杨绛、贾平凹等人的散文选，闻捷、食指等人的诗歌选，王元化、钱谷融等人的文论选，等等，几乎构成了60年来中国当代文学最为简约、权威的一次大巡礼。

2. 从编选过程看

第四辑的书目筛选，经历了四轮推荐和审议：

2008年11～12月，首先组织集团所属单位中青年学者推荐大书目清单。

2009年2～3月，邀请李学勤、梁慧星、刘北成、于沛、王春瑜、陈平原、王曾瑜、陈来、李敬泽、江怡等19位学术名家审议《中国文库·新中国60周年特辑》入选标准并根据这个标准推荐书目。共计推荐图书600余种。

2009年4月，组织哲学、历史、法学、文艺等多个专家小组，分类别地逐一研讨专家推荐的图书。最终评定了152种图书。

2009年6月之前，将评定书目呈交戴逸、冯其庸等集团公司的学术顾问审阅。

设在集团公司出版业务部的《中国文库》编辑委员会办公室，按照审阅后的书目联系全国有关出版单位以及部分作者，剔除因版权问题无法出版的一些图书，最终确定第四辑出版106种图书。

3. 从出版发行情况看

第四辑由全国35家兄弟出版单位加盟，由中国出版集团公司统一装帧设计、统一印制、统一发行。中国出版集团公司向加盟的兄弟单位以及作者支付相应的报酬。

第四辑共印制 5000 套，其中平装本 4500 套，精装本 500 套。总码洋近 2000 万元。

《中国文库》由集团公司委托商务印书馆独家发行，部分图书走馆配渠道，部分图书单本零售，目前市场反映良好。

三、《中国文库·新中国 60 周年特辑》的出版意义

1. 构筑了新中国 60 年一流原创学术经典的"文化长城"

相对于前三辑，本辑所收图书主要为 1949 年新中国成立 60 年来尤其是改革开放 30 年来涌现的本土原创的、一流的人文社会科学经典性著作，这些著作不仅堪称作者的代表作，也是各学科发展中的奠基性、里程碑式著作。

2. 体现了中国出版集团作为出版国家队，服务大局、挺拔主业的使命意识和战略追求

《中国文库·新中国 60 周年特辑》，既是 60 年来新中国人文社会科学优秀成果的一次整理和巡礼，又是新中国出版业最高出版水准的出版成果的汇集。在纪念新中国成立 60 周年的活动中，《中国文库·新中国 60 周年特辑》以及其他 8 套作品，共同入选总署 60 年 100 种重点书目，既体现了集团服务大局的使命意识，也体现了集团一贯坚持的挺拔出版主业战略追求。

3. 凸显了市场化联合、集约化出版的优越性

《中国文库》推出的图书，以中国出版集团各出版单位的精

品图书为主体，同时广邀全国各兄弟出版单位加盟。实践证明，这一做法受到了全国兄弟出版单位的欢迎。

在我国的出版史上，在没有行政命令的前提下，凭借一家集团之力，吸引全国众多单位加盟出版一套丛书，《中国文库》似乎仅见，凸显了以市场化的方式，集约优质资源、集中出版经营模式的优越性。

4. 彰显了文化体制改革催生的文化创造活力

《中国文库》诞生于中国出版集团公司成立之初的 2004 年，本身就是文化体制改革的产物。正是文化体制改革的号召和推动，将市场的观念、精品的观念、"有效联合、双赢多赢"的观念，带给了出版业，带给了众星拱月、共襄盛举的《中国文库》，显示了文化体制改革所激发的巨大文化创造力和生命力。

让《中华现代学术名著丛书》成为商务馆的新名片★

今天是群贤毕至。我们很荣幸能请到各位专家来到这里，为即将出版的这套《中华现代学术名著丛书》出谋划策，也为中国出版集团以及商务印书馆未来的学术文化出版献计献策。

从出版的角度讲，一家出版社、一家出版集团，要想保持长久的生命力和影响力，必须有标志性作品。商务印书馆自1897年创建以来，致力于"昌明教育、开启民智"，出版了一系列传承经典、传播现代科学和文化的奠基之作或扛鼎之作，一些学术大家如王国维、梁启超、钱穆、胡适等的成名之作也都是在商务出版的，这是商务印书馆的资本和骄傲。当代，商务更是以一系列的权威工具书和蔚为大观的《汉译世界学术名著丛书》著称于世、有益于世。可以说，在整个中国现代学术的建立与变迁过程中，商务都是积极的参与者、建设者、贡献者，当然也是受益者。我们现在策划出版的这套《中华现代学术名著丛书》，是要成为商

★ 2010年4月9日，在《中华现代学术名著丛书》专家论证会上的讲话。

务印书馆新的标志性出版物，成为中国出版集团的代表性出版工程，成为国家的重点出版项目。事实上，这套丛书已于 2009 年在新闻出版总署立项，获得了国家出版基金的支持。

从学术的角度讲，商务已经出版的"汉译名著"向国人呈现了世界一流的学术成果。出版《中华现代学术名著丛书》，就是要向世人昭示，中华学术从质量和品位上与世界学术是等量齐观的。现代学术，是中国学术发展的非常重要的阶段。伴随着文、史、哲、政、经、法等现代学科的建立，大量知识与思想被重新归类、重新整理、重新阐释，生发了新的学术经典，建立了一套新的学科体系与学术规范。《中华现代学术名著丛书》希望通过收入各学科各学派的名家名作，对既往的学术积累做一个系统的整理，全面展现中国现代学术的发展历程，从而为各领域的研究者提供基础工具，为广大读者提供经典范本。

从参与和推动社会发展的角度讲，在立足于展现中国现代学术演进的同时，我们也希望通过这套丛书厘清中国现代学术思想的脉络、学术发展的脉络。从改革开放走到今天，中国取得了巨大成就，各个发达国家、发展中国家都在关注中国的发展，关注中国发展的思维、模式与道路。30 年改革开放的成果并非凭空而来，而是中国近百年来延续不断努力探索的结果，这条道路能走到今天，跟中国对于传统文化和现代思想的运用确有一定的内在联系。我们出版这套丛书，就是要厘清这条发展脉络，让我们的国人乃至世界上的读者明白，我们是靠什么样的思想和文化来支撑今天的发展道路的，取得今天这样的成就的。

　　基于以上这些认识，基于出版的积累、学术的积累、社会的需要，我们认为，请各位专家来论证编纂、由商务印书馆来组织出版《中华现代学术名著丛书》，是一大幸事，也是一大盛事。我们期盼，各位专家们能对这套丛书提供最大的帮助，作出最大的贡献！

阅读改变你我他★

　　读书是一种生存状态，是生存和发展的需要。人要生存，得有知识。知识来自实践，但更多的是来自别人的实践，也就是书本。谁读的书多，谁拥有的知识和智慧就多，本领就大，生存和发展能力就强。因此才说，"知识就是力量""知识是飞向天堂的翅膀""阅读改变人生""阅读改变世界"；因此，才有世界读书日；因此才认为，读书，能决定一个人的能力、一个民族的素质、一个国家的文明和进步程度。

　　读书也是一种生活方式，是幸福生活的重要因子。读书，能塑造一个人的精神状态、生活情趣、眼界境界、思想品格、幸福品位。"腹有诗书气自华"。谁是读书人、谁不是读书人，谁读的书多、谁读的书少，谁有灵气、谁没有灵气，谁生活质量高、谁生活质量不高，通常能感觉出来。

　　倡导读书是我们出版人的责任。《读ING》这本关于读书的

★　2010 年 4 月 14 日，在《读 ING》座谈会上的讲话。

书，摄录了世界各地、各时、各色人等的读书状态，也是生活状态，很美好，令人艳羡、让人深思，很有意思。这本书的作者王成法同志，是出版人也是读书人，是为读书人服务的读书人；这本书的出版者生活·读书·新知三联书店，向来把读书与生活联系在一起倡导，是作者和读者都很信赖的出版人；这本书选择在世界读书日到来之际出版，并召开座谈会，是为正在进行时的全民阅读活动加点温，是为转变发展方式、改善生活方式、提高人的素质和幸福指数添点彩，因此，很有意义。

多出好书是我们出版人的光荣使命。以胡锦涛同志为总书记的党中央，大力倡导发展文化事业和文化产业，倡导全民阅读，要求我们努力满足人民不断增长的文化需求。温家宝同志说，读书好、好读书、读好书。习近平同志说，好读书、读好书、善读书。多出好书，让读者有好书可读，是我们出版人的责任；引导读者好读书、善读书，是我们的光荣使命、崇高追求。我们觉得，读书是快乐的，为读书人服务的出版事业是幸福的事业！

思想巨擘　仁厚长者★

任继愈先生是一位值得永远纪念、时时缅怀的大学者。为了纪念任先生，中华书局出版了《我们心中的任继愈》一书，并在任先生 94 岁诞辰的今天，与国家图书馆、社科院宗教所、无神论学会、大藏经编委会几家单位一起召开座谈会，请大家一起来追思缅怀任先生。这，很有意义。

《我们心中的任继愈》这本书，选收了 62 篇文章，真实地描摹了一位学问大家的工作身影、一位思想巨擘的学术风范、一位仁厚长者的志趣和情操，深情地回顾了一位时代老人的点点滴滴。每一位知情者的心中都有一个任继愈，每一位读者的心中也都有一个任继愈。任先生，确实还活在我们心中。

在很多人心中，任先生首先是当代最著名的学者，是大哲学家，是新中国宗教学研究的奠基人。他用马克思主义指导学术研究，对我国当代哲学、宗教学、历史学、图书馆学等诸多学科的

★　2010 年 4 月 15 日，在《我们心中的任继愈》出版座谈会上的讲话。

创立和建设，都作出了重大贡献。同时，他还是教育家，培养了很多学者、很多人才。

在我们心中，任先生还是诸多重大文化出版工程的领头人。他是点校本《二十四史》及《清史稿》修订工程的总修纂，《中华大藏经》的主编，《中华大典》的主编。这些工程，哪一项都称得上是文化长城，都需要耗费巨大的心血。但任先生不图虚名、不搞挂名，而是亲力亲为、真正担纲。因为有任老带头，保证了这些文化工程的高质量。

在我们心中，任先生是我国文化事业的重要推动者。他担任国家图书馆馆长、名誉馆长，是为着研究整理文化和普及文化。他应允我们的请求，担任《大中华文库》的学术顾问、担任中华书局的学术顾问、担任整个中国出版集团的总学术顾问。做这些顾问，没有工资报酬，也不能给已有盛名的任老增光添彩。任老没有任何所图，只图为我国的文化事业尽心尽力。

在我们心中，任先生更是文化人的楷模。他对文化事业有强烈的使命感和献身精神。他说过，"我们的时代要求这一代人从资料整理开始，为下一时期文化高潮的到来准备条件，做些铺路奠基的工作。""我们现在整理出版古籍，其意义也可以这样看，所以一定要做好，将好的遗产留给后人，不要贻笑于将来。"一代学术大师，甘为后人铺路架桥，这是多么崇高的思想境界！任老在一篇自序中说："中国老年知识分子命运大致相似。这些人……在各自岗位上表现出爱祖国、爱中华文化，为中华文化献身，生死不渝的愿力。"这是多么深厚的中华文化情怀！

　　任先生生前，把《中华大藏经续编》的出版工作交给了我们集团的品牌老社中华书局，我们集团将大力支持中华书局抓紧抓好这项重大出版工程，团结和依靠学界，完成任先生未竟的事业，告慰任先生在天之灵。任先生的学术成就、道德品格，将通过他所开创的一系列重大文化工程，永远活在我们心中！

出版·翻译·营销，多层面服务世博会★

在世博会的历史上，这届上海世博会不仅是第一次由中国举办的全球盛会，也是第一次在发展中国家举办的综合类世博会，更是中国人民在改革开放 30 年之后邀请世界各国人民参加的一次伟大聚会，一次人类文明的精彩对话。对于文化出版业来说，这既是我们向世界展示中国文化的机会，也是将我们的文化融入世界的一个重要机遇。作为出版的"国家队"，服务世博、参与世博，既是我们中国出版集团的责任，也是我们做好出版工作的重要动力。

中国出版集团服务上海世博会的工作，概括起来说就是"高举旗帜、围绕大局、打响三大战役"。"三大战役"，指的是出版、翻译和营销。

"三大战役"有三个标志：一是 2008 年 10 月，集团的中国对外翻译出版公司正式成为世博会笔译、口译项目主要提供商；

★ 2010 年 4 月 16 日，在中国出版集团 2010 年上海世博会"出版·翻译·营销"新闻发布会上的讲话。

二是 2009 年 11 月，集团的东方出版中心成功竞标《上海世博会官方图册》和《上海世博会导览手册》的出版权；三是 2010 年 4 月，集团的中国图书进出口（集团）总公司在世博园开始运营"世博书报亭"。

为做好上海世博会专项服务工作，中国出版集团公司成立了世博会专项领导小组，并将服务世博会确定为 2010 年的一大工作重点。具体的工作部署开始很早，在 2008 年的北京奥运会期间，集团公司就开始安排中译公司与上海世博局接触，要在成为奥运会翻译提供商的基础上进而成为上海世博会的翻译提供商。奥运会刚刚结束的 2008 年 10 月，中译公司成功签约上海世博局，并立即投入工作，1 个月的时间内就翻译了《中国 2010 年上海世博会概览》的英文、法文和日文版。以此为开端，集团在图书出版、新闻报道、特许营销等方面进行了全面部署。

集团服务上海世博会的工作，在以下方面已经取得突出成绩：

（1）东方出版中心在 2009 年荣获上海市精神文明建设委员会等 4 家单位颁发的"世博贡献奖——宣传教育贡献奖"。

（2）中译公司签约的"世博翻译服务项目"，在 2009 年被商务部、文化部、广电总局、新闻出版总署四部委认定为"2009～2010 年度国家文化出口重点项目"。

（3）《走进世博会——世博历史 150 年》一书，在 2009 年入选新闻出版总署向青少年推荐的 100 种书目，这也是唯一入选的世博图书。

（4）《走进世博会——世博知识 150 问》3 个版本已经发行 15 万册，《上海世博会公务员读本》已经发行 5.2 万册，《中国 2010 年上海世博会明信片》已经发行 4.5 万册。

随着中图公司的"世博书报亭"投入运营，集团公司服务上海世博会的三大战役已经全面部署完毕，在 5 月 1 日世博会开幕后全面打响。

一、出版宣传方面

（一）组织策划重点图书 80 种

1. 图书出版情况

截至 2010 年 4 月初，集团共有 10 家单位策划服务世博会的重点选题 80 种，已经出版 34 种，即将出版的有 46 种。其中，以东方出版中心、人民文学出版社、中国对外翻译出版公司品种较多。

这些图书中的重点包括：（1）通过参加世博局的竞标，出版的 5 个语种 10 种版本的《中国 2010 年上海世博会官方图册》，4 个语种 4 个版本的《中国 2010 年上海世博会导览手册》，这也是上海世博局官方授权的出版物；（2）4 个语种的世博局白皮书《中国 2010 年上海世博会概览》，这也是目前唯一一本系统介绍上海世博会概况的世博出版物。

这些图书主要分为 7 大类：

一是主题类。包括《城市，让生活更美好——上海世博会主题解读》《世博宣传画：城市，让生活更美好》《水的故事》《自然的故事——日本2005年爱知世界博览会》等。这类图书既有直接的主题解析，也有微观的主题透视。

二是实用类。包括《中国2010年上海世博会导览手册》《中国2010年上海世博会官方图册》《世博英语实用手册》《世博礼仪》等。这类图书主要服务参加世博会的国内外来宾，特别注重多语种、多形式、多层次的版本开发。

三是知识类。包括《上海世博会公务员读本》《走进世博会——世博知识150问》《中国2010年上海世博会财产保险方案汇编》《中国2010年上海世博会展品和艺术品保险方案汇编》等。这类图书重在介绍世博会的各种保障方案和相关知识。

四是历史类。包括《百年世博梦》《走进世博会——世界历时150年》《历史的回眸：中国参加世博会的故事（1851～2008）》《典藏世博——封片故事》《清末民初万国博览会亲历记》《上海：1842～2010，一座伟大城市的肖像》等。这类图书重在延展"世博会"的文化纵深，从国内外历史中讲述"世博会的中国故事"。

五是科技类。包括《世博与科技》《世博与建筑》《世博与视觉产业》《世博梦幻三部曲》等。这类图书重点讲述世博会利用新科技的情况及其对于新经济的促进。

六是文学艺术类。包括《海宝唱响中华童谣》《世博老明信片（系列）》《世博与艺术》《万国印谱——中国2010年上海世博览会》《汉书——汉字与上海世博会建筑》等，人民美术出版社还将出版由中国美术家协会和上海世博局举办的美术展览作品集。这类图书重在展示世博会的艺术特色和收藏特色。

七是双语类。包括英文、法文、日文、韩文、中文5个语种的《中国2010年上海世博会官方图册》，英文、法文、日文、韩文4个语种的《中国2010年上海世博会导览手册》。

2. 图书主要特点

（1）适应世博会的国际化特色，多语种多层次多形式开发各类出版物。如《中国2010年上海世博会导览手册》有4个语种，《中国2010年上海世博会官方图册》不仅有5个语种，而且中文版还分简体／繁体、平装／精装／函套精装等多个版本。

（2）体现集团合力，共同弘扬世博会"城市，让生活更美好"的主题。上面所说的7大类图书力图从多种角度来表现世博会的主题，体现了集团成员单位的出版特色，也体现了集团公司的合力。

（3）形成"世博效应"，瞄准"精神世博"，延伸世博出版的生命力。集团开发的世博图书包括"世博前""世博中""世博后"三个阶段。《中国2010年上海世博会导览手册》《中国2010年上海世博会官方图册》等30多种图书已经在"世博前"出版，"世博中"的图书在4月份或世博期间全部出齐。

"世博后"图书，集团这方面已经有了不少的好选题，比如《清末民初万国博览会亲历记》《上海：1842～2010，一座伟大城市的肖像》等。集团还将进一步安排开发相关图书，延续世博出版的生命力。

（4）充分发挥各方面的资源，在集团的平台上展现"世博人文"。如果说奥运会给北京出版界提供了更好的机会，那么，世博出版的地缘优势主要在上海。尽管如此，集团仍然获取了诸多权威、便利的资源。如上海世博局、上海市人事局、《上海世博》杂志、上海文光传媒集团等各类机构与我们顺利合作。一大批研究世博会的专家，也为我们贡献智慧。从一定意义上来说，尽管世博会在上海举办，但集团以多种图书，在北京也办了一个小型的"纸上世博会"。

（5）质量至上，体现出版物的最高水准。上海世博局的《中国 2010 年上海世博会官方图册》和《中国 2010 年上海世博会导览手册》，在竞标中发布了明确的出版质量公告。集团公司对出版质量的终极保证和东方出版中心、中译公司在质量上的种种设计和安排，是竞标成功的原因之一。

（二）5 家报刊展开新闻报道

集团共有 5 家报刊参加世博会新闻报道，包括生活·读书·新知三联书店的《三联生活周刊》、商务印书馆的《汉语世界》、中国大百科全书出版社的《百科知识》3 家杂志，《中国图书商报》《新华书目报》2 家报纸。

《三联生活周刊》已被列为上海世博会特许期刊，世博会期间将出版三个专刊，5月1日开幕前推出"世博150年历史"；展会期间推出上海世博会主题专刊"世博与城市"，重点介绍国外城市因世博会的转变；第三个专刊推出"世博与中国"，现场深度报道上海世博会中的中国创新、中国意义。

《汉语世界》杂志的"世博专刊"已经出版。

《中国图书商报》《新华书目报》《百科知识》推出了相关的"世博文化／出版"栏目。

二、翻译服务方面：提供 10 个语种的专业即时翻译

翻译服务主要由中国对外翻译出版公司承担，主要包括各种场合的 5 种口语翻译形式——现场翻译、非现场翻译、远程数据库支持、交替传译、同声传译等，以及大量笔译工作。

截至 2010 年 4 月，已口译 464 场次，涉及中、英、法、德、俄、韩、日、西、葡、阿 10 多个语种，涉及美国、西班牙、日本、韩国、摩纳哥、比利时、巴西等 23 个国家和地区，笔译文件 2225 批次约 900 万字，工程图纸、幻灯片和词条 20323 张（条）。

提供翻译的场合，主要包括国务院副总理王岐山、国际展览局秘书长洛塞泰斯、卢森堡副首相，以及上海市重要领导所需要资料的笔译或所参加的活动，还包括上海世博会多次参展方会议、总代表联席会议、世博论坛大会文集、世博局领导发言。中译公司的译员还出色完成了 15 个国家场馆工程奠基仪式的现场翻译

工作。

目前，中译公司正紧张参与上海世博会 4 月 30 日开幕庆典活动方案、导演方案和媒体手册绝密文件的笔译和口译工作，同时还承担世博会重大活动组（开闭幕式）绝密笔译口译工作；中译的部分核心译员被任命为上海世博局礼宾官，负责世博期间外国政要代表团（副总理级别）的园区接待工作。

三、营销方面：启动世博报刊亭营销

营销分 4 个方面，一是在世博村设置集团营运的营销点，如"世博书报亭"；二是集团出版物进入上海世博局特许销售渠道，目前《三联生活周刊》以及一些出版物，已经列入上海世博局特许出版物；三是集团围绕世博会，将委托东方出版中心开展相关相近的出版物营销活动；四是集团将在世博园区开展"木版水印"现场制作、表演和营销工作，荣宝斋将在世博中心的宝钢大舞台上，举办木版水印的销售和表演，历时半年。

中图公司在海外拥有 23 家分公司和办事处，主要从事图书进出口业务。2008 年北京奥运会期间，中图公司成功运营了奥运村的"奥运书报亭"。这次除了运营世博园的"世博书报亭"之外，中图公司将通过海外渠道和网点，面向海外发行世博图书。

名家好书云集，全方位参加书博会★

第二十届全国图书交易博览会将于 2010 年 4 月 24 日在四川成都市拉开帷幕，中国出版集团各单位为此准备了丰富的参展产品和展会活动，全方位参加书博会，全方位服务广大读者。集团参加这届书博会的安排有以下 5 个特色。

特色之一，参展阵容强大。除原有的 17 家出版单位外，新加盟集团的中国民主法制出版社、黄河出版传媒集团，也将在书博会上一起亮相。

特色之二，参展图书众多。参展图书 5900 种，其中新书 1580 种，重点推荐图书 200 种。参展图书中特别值得向读者推荐的有：余秋雨的新作《我等不到了》，丹·布朗隆重推荐的《龙文身的女孩》，台湾星云大师的新作《星云大师·迷悟之间》，蔡志忠的漫画新作《豺狼的微笑》《可爱的漫画动物园》，鲍鹏山"百

★ 2010 年 4 月 16 日，在中国出版集团新闻发布会上，通报参加 2010 年成都"全国图书交易博览会"的情况。

家讲坛"的新作《孔子是怎样炼成的》，四川籍著名老作家流沙河的《流沙河认字》，以及纪实文学《毛泽东最后七年风雨路》《我的父亲张大千》《也同欢乐也同愁——忆父亲陈寅恪母亲唐篔》《谁造就了赵小兰——美国首位华裔内阁部长的家世与人生》。此外，对于广大学者和资深读者以及研究、收藏机构，我们还特别推荐以下大型套书：《中国文库（第四辑）》《汉译世界学术名著（珍藏版）》《任伯年全集》《柏杨全集》《国韵华章》《新编诸子集成》《鲁迅大辞典》《清·孙温绘全本红楼梦》等。

特色之三，举办第三届"读者大会"。从 2008 年开始，"读者大会"伴随书博会每年举办一次，逐渐成为书博会期间的重点活动、标志性活动。本届"读者大会"，仍然由中国出版集团公司发起，中宣部出版局，新闻出版总署出版管理司、发行司，四川省政府、四川省委宣传部等联合主办。与会文化名人包括阎崇年、鲍鹏山、杨红樱、流沙河、麦家、鞠萍、邓贤等，中宣部、新闻出版总署和四川省委的领导将出席大会，整体参会人员有1000 人。大会将举办读书访谈、文艺表演等互动活动。活动期间，集团公司将捐赠 72 万码洋的图书，用于四川"读者之家"图书馆的建设。

特色之四，举行一系列读书活动。包括陈明的《我与丁玲五十年——陈明回忆录》签售，蔡志忠的《豺狼的微笑》签售，《龙文身的女孩》新书发布会，与企鹅出版公司联合召开《伟大的思想》发布会，还将举行商务印书馆成都分馆成立仪式等。

特色之五，展示数字出版新产品。集团自有品牌的中版电子书阅读器、集成式按需印刷设备，将在书博会上第一次亮相、展示、发布，这是集团致力数字出版、推进多媒体服务、引领新型阅读的两大新动作。

铁肩担道义　妙手著文章★

　　在百年中国现代文学史上，名家辈出，群星灿烂。鲁迅、郭沫若、茅盾、巴金、老舍、曹禺、冰心、夏衍、田汉等等，一个个文化大家、文学大师，就像一座座光辉的殿堂，不仅永远照耀着历史的天空，也永远活在人们的记忆中。他们崇高的文化理想和高尚的文化人格，不仅表现在笔下的经典作品和艺术世界中，也体现在日常生活的一言一行和一点一滴中。今天，著名作家、老一辈新闻出版人吴泰昌先生，以高度的历史责任感和浓厚的文化情怀，精心创作了一套《亲历大家系列》。在这套丛书中，他向我们揭示了自己 30 多年采访巴金、冰心、朱光潜等三位文化大家的亲身经历，以大量的第一手资料展示了他们为人、为学、为师、为友的重要历史瞬间和日常生活细节。

　　通过这套丛书，读者朋友可以看到三位文化大师在日常生活里的喜怒哀乐、百味故事、人间情怀；可以看到中国当代知识分

★　2010 年 8 月 30 日，在生活·读书·新知三联书店《亲历大家系列》新书首发式上的讲话。

子"求真、向善、爱美"的文化理想,"铁肩担道义,妙手著文章"的文化责任,"衣带渐宽终不悔、为伊消得人憔悴"的文化激情。不仅如此,这套丛书还向读者揭示了改革开放后中国的文学艺术事业由一元走向多元、由荒芜走向繁荣、由封闭走向开放的历史性转折。因此,这套丛书的出版不仅具有重要的文化价值,也具有独特的历史价值。正如吴泰昌先生在《我认识的朱光潜》"修订本后记"里所说:"朱光潜留下的宝贵文化财富和认真求实、勤学奋进的治学育人精神,是中华民族文化学术向前发展的珍宝,不仅属于 20 世纪,也不仅属于中国。"我以为,这句话也适用于收入《亲历大家系列》的每位大家。

作为出版业的"国家队",中国出版集团所属出版社一向高度重视文化传承与文化建设,非常珍视与知识文化界的交流与合作,一大批文化大师的名字,都是与我们的商务、中华、三联、文学、美术、音乐、大百科等出版社紧密联系在一起的。这些出版社组成中国出版集团后,我们又打造了《中国文库》《大中华文库》《世界历史文库》等一批标志性出版工程。生活·读书·新知三联书店作为集团重要成员单位之一,一直以其独特的文化眼光和出版风格受到广大读者的欢迎,被誉为知识分子的精神家园。今天,《亲历人家系列》这套丛书的出版,不仅再次见证了出版界和文化界的血肉联系和宝贵情谊,也是彼此通力合作进程中的一个新起点。我们也热切地期待着:时代催生更多的文化大家,文化大家奉献更多的精品佳作!

用"中国元素"表达中国文化★

随着中国经济的迅速崛起,中国在世界的影响越来越大,中国越来越多地融入世界,世界也越来越渴望了解中国。中国出版国际化发展的条件正在成熟。书籍是国家间文化交流的重要媒介,是加强国家之间、各国人民之间文化了解和相互理解的重要方式。让中国的出版物走向世界,让世界更多地了解中国,是中国出版人肩负的重要责任。作为一家以动漫画、文学、少儿、轻社科为主要产品线的出版单位,现代出版社在版权引进和输出方面是中国出版集团各出版社中做得比较突出和比较有特色的。

众所周知,现代出版社一直致力于同我国台湾地区的版权合作,自 1999 年从台湾引进朱德庸的漫画系列开始,现代出版社与台湾的著名漫画家几乎都有过深入的合作,如朱德庸、蔡志忠、几米、王泽等,近期还引进了柏杨、刘墉的大量作品。近年来,

★ 2010 年 9 月 1 日,在《中国元素》系列法文版版权输出签约仪式上的讲话。

现代出版社又不断加强与国外的版权交流，引进了一批日韩绘本、欧美文学等多种国外优秀出版物。

通过引进、吸收、创作，现代出版社确立了自己新的市场定位和市场优势。在这个基础上，现代出版社积极尝试走向国际市场。要想进入国际市场、赢得国外读者，必须在叙事思维上与国际接轨、与设定的读者群体接轨。

现代出版社开发的《中国元素》这套丛书就是很成功的国际出版实践。《中国元素》系列认真研究和借鉴了国内的儿童绘本、从国外引进的儿童绘本和世界各国原版儿童绘本的经验，采用了国际通行的手绘配图方法，在国内首次将脚本与绘制分离，聘请权威专家、作家撰写脚本，聘请优秀插画家绘图，最后由资深出版人合成的方式完成出版。只有在图书的内容上增加国际流行元素，才能生动充分地向国外青少年推介中国文化、中国精神、"中国元素"。现代出版社的这套《中国元素》系列，就是本着这个原则，为国外读者量身定做的，是一次十分有益的探索。

墨兰出版公司是法国乃至整个欧洲出版界销售中国书刊规模最大、品种最全、影响最大的一家出版商，一直致力于中国出版物在法国及欧洲的传播，为中法文化交流架起书界桥梁。希望墨兰出版公司能够更多地引进中国的优秀出版物，让中法文化之间的书界桥梁愈发坚实！

让世界阅读中国、读懂中国，中国的出版人任重而道远。希望现代出版社继续锐意进取，开发出更多、更优秀的出版物，让世界了解我们博大精深的文化，认同我们的社会发展，为中国文化在世界的传播作出更大的贡献！

大牌演员与名牌出版社的天作之合★

　　我们知道，裴勇俊先生是韩国著名的演员，在整个东亚地区都享有很高的知名度。他在其主演的《冬季恋歌》《情定大饭店》等影视剧中，表演清新、自然，用前任韩国文化部长官李御宁先生的话来说，有一种"雪中梅花的芳香"。正因为这种清雅和书卷气，在中国，他拥有数量庞大的"粉丝"。

　　得知生活·读书·新知三联书店要翻译出版《寻找韩国之美的旅行》这本书，我才知道，裴勇俊先生原来不仅是影视明星，还是一位优秀的作者。裴先生在暂停演艺事业一年多的时间里，辗转韩国各地，遍访能工巧匠，亲手炒茶叶、烧瓷器、腌泡菜、学漆艺，亲身体验韩国的文化传统，亲自查找资料和调查学习，以自己独特的视角和独有的方式撰文、摄影，潜心创作了《寻找韩国之美的旅行》这本书，书写了一个韩国人对自己祖国传统文化的热爱和探索。

　　读过作品之后，又进一步知道了，裴勇俊先生不是一位通常

★　2010 年 9 月 16 日，在裴勇俊《寻找韩国之美的旅行》发布会上的致辞。

意义上的作者，不是那种只关注个人成长经历或者只关注自己所从事的专业的普通的作者，而是一位积极地学习、追寻、迷恋和记录自己祖国传统文化的文化志愿者，是自觉传播韩国文化的文化使者。阅读《寻找韩国之美的旅行》，我们可以随着作者的步履、作者的视角、作者的娓娓叙说，感知韩国传统文化的精髓、感念韩国人民的勤劳与智慧、感受独特的"韩国之美"。这种"韩国之美"，是一位现代的艺术家与众多传统的匠人，用他们之间的缘分和共同的激情来凝聚的，其深度和生动性，是一般的旅行图书所远远达不到的。中韩两国是一衣带水的近邻，既有共同的文化特征，又有不同的文化魅力。韩国文化的魅力究竟在哪里？我们可以从这本书中找到答案。这本书，为所有对韩国好奇的中国人特别是年轻人，提供了一个很好的观察点和文化切入点。

出版《寻找韩国之美的旅行》这本书的生活·读书·新知三联书店，是我们中国出版集团的重要出版社之一，也是中国历史悠久、最有影响的出版社之一。生活·读书·新知三联书店向来把选择一流作者、出版一流图书作为自己的追求，尤其擅长学术、文化类读物的出版，其作品在广大读者中享有极好的口碑。由生活·读书·新知三联书店来出版这本介绍韩国文化的书，"大牌演员"与"名牌出版社"对接，精心创作与精心出版相得益彰，对于传播韩国文化真是再合适不过了。我代表中国出版集团，衷心地希望三联书店做好本书的宣传推广工作，创造出良好的发行业绩，使得这本书能给中国的读者带来美的享受，能对促进中韩两国的文化交流有所贡献！

博览群书　养德励志★

　　大力推动全民阅读，是提高国民素质、促进文化建设、增进社会和谐、提升社会活力的重要举措。一个民族的精神境界在很大程度上取决于阅读的水平。只有重视读书了，才能比较好地提高民族素质，比较好地提升民族精神境界。大学生是国家未来的栋梁，是社会主义现代化建设的重要力量。提升大学生的阅读水平与文化素质，促进其健康成长、协调发展，对于实施人才强国战略、推动社会永续发展具有重要意义。

　　在这个网络盛行的时代，"快餐文化"盛行，"视觉速读"盛行，跟风浏览盛行，传统意义上静下心来认真捧读一本好书的阅读状态似乎渐行渐远了。阅读越来越偏于实用、流于肤浅、限于功利、止于思考，而忽略了承接传统、传递智慧、开启思想、养德励志的作用。在这样的背景下，举办大学生读书节，倡导多读书、读好书，可以说是正当其时。

★　2010年10月21日，首都大学生读书节感言。

中国出版集团是适应出版业改革发展的需要，经中共中央、国务院批准成立的国家级出版机构，拥有各级各类出版机构 40 家，每年出版图书和音像、电子、网络等出版物 1 万余种。本届大学生读书节期间，中国出版集团旗下 80% 的出版机构都参与到读书节的现场活动当中。从优秀出版物的巡展推广、新书发布到讲座，集团围绕"博览群书、养德励志、弘扬经典、享受阅读"的主题，着力在大学校园里营造浓郁的读书氛围和人文气息；集团在当今书目品种繁复、书籍质量参差不齐的图书市场中，另辟蹊径，努力将正版、优秀、低价和真正适合大学生阅读的图书推荐给广大学子；集团号召当代大学生推广晨读，推动高校青年养成健康良好的生活习惯、修炼积极向上的人生态度、提振奋发有为的民族精神。

我们希望当代大学生，通过博览群书、兼纳百科，博学笃行、养德励志，以全新的文化理念来塑造自我、规范自我，以积极的人生态度来解读社会、贡献社会。

《中国共产党历史（第二卷）》的出版正当其时★

　　《中国共产党历史（第二卷）》的出版，正当其时。2011 年是国家"十二五"规划开局之年，更是中国共产党成立 90 周年。这本书的出版不仅为庆祝建党 90 周年献上了一份沉甸甸的厚礼，也为我国出版界推出更多庆祝建党 90 周年的精品图书开了好局，带了好头。

　　《中国共产党历史（第二卷）》是权威厚重的。第一，它由中共中央党史研究室编写，经党中央批准出版发行。一本书由党中央亲自批准编写、出版、发行，这在党的历史上是不多见的，由此可见这本书规格之高、地位之隆、分量之重。第二，它的内容厚重，思想深刻。它凝聚了我国几代党史工作者的心血和智慧，充分吸收了改革开放 30 多年来党史学界的重要研究成果，全面准确地反映了我们党带领全国各族人民进行社会主义革命和开展大规模社会主义建设的不平凡历程，是一部正确总结历史经验的

★　2011 年 1 月 7 日，在《中国共产党历史（第二卷）》出版座谈会上的发言。

权威性党史基本著作。第三，它的研究方法科学严谨。这本书坚持"史论结合"和"论从史出"的修史方法，重要的结论都以可靠翔实的历史资料作为依托，并且有许多精当的点评。因此，它对党的历史上重大事件和重要人物的评价和结论，具有很高的权威性和可信度。

《中国共产党历史（第二卷）》的出版意义重大。这本书的出版发行，对于深入贯彻《中共中央关于加强和改进新形势下党史工作的意见》和全国党史工作会议精神，对于广大党员干部正确认识党的历史，进一步统一思想、提高素质，将发挥重要作用。它有利于帮助广大党员全面、准确理解党在新中国成立后29年的历史，准确把握党的历史发展的主题和主线、本质和主流，深刻理解中国共产党在中国的领导地位和核心作用形成的历史必然性，深刻理解通过改革开放和社会主义现代化建设实现中华民族伟大复兴的历史必然性。它对深入贯彻落实科学发展观、科学总结党的历史经验、发挥党史"资政育人"的作用、全面推进小康社会建设，都具有重要意义。

从清纯的歌声到感人的文字★

　　我和大家一样，通过网络得知了"西单女孩"的经历。在大都市的地下通道里，在熙攘喧闹的人群中，她拿着一把吉他独自唱歌的情景感动了很多人，也感动了我。她演唱的《天使的翅膀》这首歌，在地下通道这个特殊的环境下，由一首普通的歌变得不再普通；任月丽，也因此由一个普通的小女孩变成了"西单女孩"。之后，她登上了真正的舞台。《半边天》《天下女人》《小崔说事》等央视栏目相继邀请她做专访，月丽朴实的话语、亲和的态度都给观众朋友留下了深刻的印象。正如《半边天》主持人张越所说："小女孩每天坐在简陋的地下通道反复吟唱和诉说，她一直吟唱到大家冷漠的脸开始出现微笑，大家坚硬的心开始变得柔软。这个时候人家才恍然大悟，原来我们已经很久没有感动过了。"

　　正因为西单女孩这种特殊的经历与乐观的态度，在中国，越来越多的人开始关注她，喜欢她。现代教育出版社出版《我是西

★　2011 年 1 月 9 日，在《我是西单女孩》出版座谈会上的讲话。

单女孩》一书，正是希望借此在西单女孩与众多追梦的人之间架起一座桥梁，来满足彼此的诉求。作者任月丽在创作期间，回顾往昔童年岁月，重走当年初到北京时的各个住所，重返西单地下通道，用一个个简单的文字，追溯四年艰辛通道时光；以自己近乎直白的语言方式，并拍摄多组照片与录像，再现一幕幕温暖的瞬间，潜心创作了《我是西单女孩》这部自传，书写了一个小女孩如何坚守多年、终见阳光。

真正美好的东西，都是纯粹的、朴素的、真切的、诚实的。我们在阅读《我是西单女孩》这本书的时候，可以随着作者的步履、作者的眼睛、作者的娓娓叙说，随着作者的那些从未对媒体公开的照，包括那些朴素的写真照片，感知我们对于纯粹的追随，感念我们对于坚强的诠释，感受西单女孩任月丽的诚实之美。在纷繁喧扰的现代社会，怎样才能使我们的心灵更宁静些、更纯粹些？怎样才能使我们的梦想更真切些？怎样才能使我们的生命承载更美好些？我们相信西单女孩任月丽在作品中用她的文字回答了这些，并且期盼她能在今后的生活中告诉我们更多。

出版《我是西单女孩》这本书的现代教育出版社，是中国出版集团的重要成员单位，是中国出版集团以出版教育类、少儿类图书为主的出版社。现代教育出版社以全新的教育和文化理念，推动着教育文化的繁荣与发展。由现代教育出版社来出版《我是西单女孩》这本励志书籍，是公众人物与名牌出版社、精心创作与精心出版相得益彰，对于西单女孩的精神传播实在是再合适不过了。我在这里衷心地希望《我是西单女孩》这本感人的书，能够传递到更多的读者手中，给人们带来更多的感动和启迪，也衷心祝福西单女孩任月丽在人生的道路上越走越好！

时代的故事定会引起时代的共鸣★

　　《大时代》是一本以改革开放三十年为背景，糅合多位当代财富精英奋斗轨迹的作品。作品展现了这些为了梦想敢于牺牲自己的时代先锋，努力创造社会财富和实现个人价值的时代故事。

　　改革开放三十年，是一个思潮奔涌、人人争先、英雄辈出的伟大时代，是一个前无古人后无来者的时代。就商业经济领域而言，最受时代和社会尊敬的人，应该是那些开创崭新领域、成为业界领袖的时代先锋。这些人，最先确定了技术的领先地位，制定了行业的游戏规则，为后来人树立了准则和参考，奠定了较高的奋斗起点。《大时代》这本书中的主人公们的奋斗历程，就是这个时代所有奋斗人生的缩影。他们的奋斗改变了我们的生活，他们是我们这个时代的英雄。我们歌颂时代的英雄，最终目的是要把一个时代的一群普通人奋斗的缩影完整地呈现给读者，给读者以启迪和回味。

★　2011 年 1 月 9 日，在《大时代》新书发布会上的讲话。

《大时代》是一部非常优秀的影视作品，今天它又变成了一本图书，希望这本书能随着影视剧的传播而产生同样巨大的影响。这种影视同期书的出版，是一种充分挖掘影视剧作品附加值、达到多种媒体互动共赢的良好途径。对于出版产业来说，影视图书的商业化出版是大势所趋，而商业化操作需要一个学习、发展的过程，尤其是对于带有国企性质的出版社来说更是如此。中国出版集团很高兴看到现代出版社与华谊兄弟的这次成功合作。

华谊兄弟是中国影视传媒业的先锋和旗帜，具有非常优秀的娱乐精神以及专业的经营理念，对影视剧的策划及制作有着独到的眼光。他们近年来出品了很多脍炙人口的影视作品，是中国影视传媒产业的领军者。

现代出版社是中国出版集团旗下以动漫画为特色的重要出版单位，担负中国出版集团动漫画出版产品线的建设任务，其在全国成人漫画绘本领域的市场占有率稳居第一，在全国少儿卡通领域的市场占有率也位居前列。同时出版的文学、大众社科、少儿等出版物也各具特色，是中国出版集团中非常有生机和活力的出版社。

两个极具活力的文化公司的合作，其成果也一定是充满活力、令人期待的。尤其是对现代出版社来说，这次合作是一个良好的学习、积累，是进一步发挥自身优势的机会。希望在此次合作的基础上，双方能够进行更多形式、更加紧密的合作。

现代出版社把《大时代》这本书定位为反映时代发展，向改革开放献礼的一部作品。我们相信,《大时代》带有的强烈时代感和现实感,定会受到广大读者的关注,引起时代同行者的强烈共鸣!

让好书畅销市场、常伴读者★

　　我国每年出版几十万种图书，可谓浩如烟海。对于普通读者来说，怎样才能万里挑一，选出最好读的书、最该读的书，从而获得最大的阅读成效呢？中国出版集团的"双推计划"，就是为了解决这个问题而出台的。我们通过专家评议、市场预测，向读者推荐畅销图书，就是向读者预告最好读的书的流行趋势，让读者有所参考和启迪；我们通过专业观察、市场统计，向社会推广畅销图书，就是向读者公告历年来的社会阅读轨迹、公告最该读的书的社会认同过程，让读者有所参照和遵循。让好书及时为读者所知、畅销市场，让具有优秀的文化、学术、思想以及工具价值的图书常伴读者、发挥作用，正是"双推计划"的出发点和落脚点。借今天的机会，我想结合2010年的优秀图书，就"双推计划"再作几点说明。

★　2011年1月10日，在2010年中国出版集团"双推计划"年度优秀图书颁奖仪式暨新书推介会上的讲话。

一、"双推计划"是中国出版集团弘扬品牌、引导高品质阅读的举措

"双推计划"实施 5 年多来，在社会各界的共同推动下，陆续推出了一大批优秀图书，获得了良好的社会认同。今天表彰的 30 本 2010 年度优秀畅销书和常销书，就是一个集中体现。在过去的一年里，中国出版集团公司继续加大改革力度、加快发展速度、转变发展方式，不断优化出版结构、丰富出版品种、壮大出版主业，社会效益和经济效益取得了双丰收。全集团连续 8 年以 7% 左右的市场占有率保持全国图书零售市场第一名，2010 年 9 月一度高达 10.36%，而且一大批重点出版工程和精品出版物屡屡获得国家级奖励。

"双推计划"是以市场法则为基础的，这次获得表彰的 30 种图书也都是实际销售业绩十分良好的。五年来的实践证明，这两个计划是成功的。它不仅帮助集团有意识、有目的、系统化地开发出一批在全国知名的畅销书和常销书，而且充分发挥"二八"法则的引领作用，进一步优化了集团各单位的出版结构，促进了集团的产品线建设，培养了一支素质优良、敢为人先、能打硬仗的编辑发行队伍，提高了全集团的资源配置效率和集约化经营水平，扩大了集团各出版社的品牌认知度、社会影响力，引导了积极、健康、向上的阅读风尚。

二、"双推计划"是集团各出版社展示推介优秀图书的有效平台

集团以月度推荐畅销书目和季度推荐常销书目的形式，汇集各出版社优秀图书，伴以各种宣传推广活动，及时向读者、媒体、经销商、零售商集中推荐我们的好书、新书，卖得好的书、卖得久的书。这实际上形成了一个联系有关各方、面向广大读者的，集中展示、共同推介优秀图书的平台。在这个平台上，好书被凸显、好作者被聚焦、出版社的好品牌被不断擦亮。今天的年度表彰和新书推介会，就是这个平台效应的集中体现。我们将继续努力，将"双推计划"这个平台做得更大、更实，让厂家、商家、媒体、读者都更加信任它、依靠它，也更加得益于它。

三、"双推计划"是媒体和经销商引导读者、耕耘市场的重要方式

媒体引导读者、助推社会阅读，需要以好的出版品牌、好的作者、好的图书为依凭；经销商耕耘市场、扩大图书销售，需要出版品牌的号召力、一流作者的号召力、真正好书的号召力。真正的好书，真正的畅销书、常销书，一定是出版社自知自荐、媒体认知愿荐、经销商验知能荐的。"双推计划"的推进，有赖于

媒体和经销商的支持；媒体和经销商，也可以从"双推计划"中找到自己的角色定位，从而提高图书评介的针对性和影响力，提高图书销售的适配性和市场效益。出版方与媒体、经销商紧密合作，共同推进"双推计划"，必能各有所获，也必能让读者最终受益。

今天，有 80 多位省市新华书店和各大书城的领导、书业代表出席会议，还有 40 多家主流新闻媒体的记者和编辑朋友出席会议。正是有了大家一直以来的宝贵支持，我们的优秀图书才能够源源不断、生生不息地涌现出来、走向读者；我们的"双推计划"才能够不断落地生根、全面开花结果；我们才能够亲密携手、精诚合作，共同推动书业的繁荣，共同创造无限美好的今天、展望更加辉煌的明天。

在中国出版集团层面，2010 年，我们加大了对"双推计划"上榜图书的奖励力度；今后，我们也会加大重点新书的宣传和推广力度，进一步发挥"双推计划"的市场推广效果。我们也衷心希望，各位经销商朋友和媒体朋友，在新的一年里，一如既往地支持和帮助我们，为共同打造更多的传世之作和时代精品，为共同推动中国出版业的大繁荣大发展作出新的贡献。

附表 1　中国出版集团 2010 年优秀畅销书（10 种）

	出版单位	书　名
1	人民文学出版社	我等不到了
2	人民文学出版社	毛泽东最后七年风雨路
3	中华书局	康震评说唐宋八大家·韩愈
4	中华书局	庄子的快活
5	中国大百科全书出版社	中国幼儿百科全书（10 册）
6	人民音乐出版社	快乐阳光——第 9 届中国少年儿童歌曲卡拉OK 电视大赛歌曲百首
7	生活·读书·新知三联书店	孩子你慢慢来
8	现代出版社	走向春天的下午
9	东方出版中心	中国 2010 年上海世博会官方图册（中文简体版）
10	中国民主法制出版社	孔子是怎样炼成的

附表 2　中国出版集团 2010 年优秀常销书（20 种）

	出版单位	书　名
1	人民文学出版社	鲁迅大辞典
2	人民文学出版社	中国新诗总系（10 卷）
3	商务印书馆	现代汉语学习词典
4	商务印书馆	牛津中阶英汉双解词典（第 4 版）
5	中华书局	中国人应知的国学常识
6	中华书局	金刚经·心经（佛教十三经系列）
7	中国大百科全书出版社	中国小学生百科全书
8	中国大百科全书出版社	世界国家地理地图
9	人民美术出版社	吴冠中画作诞生记

（续表）

	出版单位	书 名
10	人民音乐出版社	中国交响音乐博览
11	生活·读书·新知三联书店	巨流河
12	生活·读书·新知三联书店	鲁迅箴言
13	中国对外翻译出版公司	语文新课标必读丛书
14	东方出版中心	中国工艺美术史（修订本）
15	现代教育出版社	清·孙温绘全本红楼梦
16	世界图书出版公司	思考的艺术：非凡大脑养成手册（第8版）
17	现代出版社	汇率战争
18	荣宝斋出版社	范曾庚寅新作
19	商务印书馆国际有限公司	学生精解英汉词典
20	宁夏人民出版社	马鸿逵传

丁香花开迎书香★

哈尔滨素有"冰城""夏都""丁香城"的美誉。丁香是哈尔滨的市花，寓意"家中人丁皆有好名声，如花之香"。5月，正是丁香遍开、花香怡人的好时节，我们共同迎来了书香、迎来了生活·读书·新知三联书店哈尔滨图书零售店开店的好日子。如果说，丁香之香能让人宁神静气的话，图书之香则能让人修身养性，花香书香，相得益彰。

生活·读书·新知三联书店是我国著名的出版单位，历史悠久，其前身是分别由邹韬奋、李公朴、钱俊瑞等人于20世纪30年代在上海创办的生活书店、读书出版社和新知书店，1948年合并成立生活·读书·新知三联书店。此后几经变革，于1986年恢复三联书店的独立建制，成为一家以出版人文科学和社会科学图书为主的综合出版社，出版物涉及文学、历史、哲学、艺术、经济、政治、法律和社会生活等领域。

★ 2011年5月27日，在生活·读书·新知三联书店哈尔滨图书零售店揭牌仪式上的讲话。

生活·读书·新知三联书店出版资源丰富，文化底蕴深厚，在海内外享有很高声誉、具有很强的影响力，深受一代又一代广大读者的喜爱。在革命、建设、改革发展各个历史时期，生活·读书·新知三联书店传承民族文化、传播科学知识、传递社会信息，为我国人文社会科学事业的进步与发展作出了重要的贡献。

季羡林先生曾经这样评价生活·读书·新知三联书店："我，作为一个老知识分子，经过了多年的观察与思考，把我心目中的三联书店的'店格'归纳为八个字:清新、庄重、认真、求实。"

生活·读书·新知三联书店的一个重要传统和特色，就是出版、零售并重，讲求"竭诚为读者服务"、直接为读者服务。设在北京的三联韬奋书店，就是这样一个直接面向读者的、在首都颇具影响的文化地标性的书店。设立生活·读书·新知三联书店哈尔滨图书零售店，就是把三联特色的书店移植到哈尔滨来，这是三联发扬优良传统、发掘地域资源、服务哈尔滨读者的一项重要举措。

希望生活·读书·新知三联书店哈尔滨图书零售店能够秉承韬奋先生提出的"竭诚为读者服务"的宗旨，恪守"人文精神、思想智慧"的理念，坚持"一流、新锐"的标准，在出版活动中努力实现双效统一，通过销售品牌图书，不断扩大自身的社会影响，为哈尔滨乃至黑龙江的广大读者提供丰富的精神食粮。

2011 年是我党成立九十周年，而哈尔滨是中国共产党最早解放的大城市（1946 年 4 月 28 日）。在这样的时间和地点，我们举行生活·读书·新知三联书店哈尔滨图书零售店的揭牌仪式也是颇具纪念意义的。我们坚信，生活·读书·新知三联书店哈尔滨图书零售店，不会辜负黑龙江各界的厚望，用实际行动回报社会和广大读者，努力为读者营造精神文化园地，为中华文化大发展大繁荣作出应有贡献。

《鲁迅箴言》助推中日文化交流★

　　为纪念鲁迅先生诞辰 130 周年，生活·读书·新知三联书店与日本平凡社联袂出版了《鲁迅箴言》中、日双语本。两家知名出版社深度合作，采取同步出版、同步上市的做法，将中、日两个市场联系在一起，这样的做法在中日之间还是首次。《鲁迅箴言》中日双语本的出版，不仅是中日两国人民文化交流的一项重要活动，也是两国出版界在传统的版权贸易模式基础上对新的出版合作模式的有益探索，对中国出版"走出去"有一定的借鉴意义。

　　鲁迅先生是 20 世纪中国新旧文化转型时期出现的文化巨人。他以生动的形象描绘世态人情，是卓越的小说家；他以深刻的社会批评和文化批评，分析人性优劣，暴露社会弊端，也是杰出的杂文大师。毛泽东主席说过："鲁迅在中国的价值，据我看要算是中国的第一等圣人。孔夫子是封建社会的圣人，鲁迅则是新中国的圣人。"将鲁迅比作孔子，可见鲁迅先生在中国现代文化史

★　2011 年 5 月 31 日，在《鲁迅箴言》中日双语版出版座谈会上的讲话。

上的地位。鲁迅先生不仅是中国文化革命的主将，也是日本国民熟悉和爱戴的中国文学家，在日本文化史上也享有崇高地位。从到日本留学开始，鲁迅便和日本人民结下了深厚的友谊。成为作家后，他的作品受到日本国民广泛欢迎，他的思想和文章至今还在日本国民中广泛流传，持续保持着深刻的影响。

《鲁迅箴言》的中方出版单位生活·读书·新知三联书店，是中国思想学术文化的出版重镇，是中国最具影响力的出版社之一，被誉为"读书人的精神家园""中国知识分子的精神家园"。几十年来，生活·读书·新知三联书店始终秉承"竭诚为读者服务"的宗旨，恪守"人文精神，思想智慧"的理念，出版了大量的人文社会科学读物，体现了鲜明的时代特色、扎实的学理功底、丰富的人文关怀和思想智慧，代表了中国文化的精神。

《鲁迅箴言》的日方出版单位平凡社，是以出版百科全书等工具书为主的严肃认真的出版机构，在中日两国都有较大的影响力。所出版的《大百科事典》《最新世界大百科事典》《国民百科事典》《儿童世界百科》等，对日本国民有着深刻影响。

生活·读书·新知三联书店和平凡社联袂出版的《鲁迅箴言》，专注于提升内容、提炼鲁迅先生的思想精髓，提供最干净、最纯粹的文本，优化图书的视觉表达与读者的阅读体验，务求让图书回归本源，努力让读者在愉快的阅读中有所思考、有所提升、有所进步。我们相信，将鲁迅先生的感召力与品牌出版社的制作能力结合起来的《鲁迅箴言》，定会受到中日广大读者的喜爱；鲁迅先生的精神，定会借助《鲁迅箴言》的出版，得到更广泛的传播和弘扬。

　　基于生活·读书·新知三联书店和平凡社优秀的出版文化传统和品牌，基于两家名社在学术界、出版界的地位，我们殷切期望平凡社与生活·读书·新知三联书店开展更深入的合作，把生活·读书·新知三联书店更多的品牌图书推向日本市场，也把平凡社的品牌图书介绍到中国，为两国读者提供更丰富的精神食粮，为中日文化的交流提供更丰厚的资源和广阔的平台。

人美一甲子　再绘满园春★

　　人民美术出版社成立于新中国成立初期。它的成立不仅标志着新中国从此建立了国家级美术出版机构，也标志着新中国的美术出版事业从此庄严起步。60 年来，人民美术出版社坚持正确的出版方向，坚持高尚的学术品位，坚持纯正的审美情趣，组织出版一大批精品力作，大力弘扬民族传统，积极普及美术知识，努力推动学术繁荣，热情建设艺术家园，受到美术界、出版界和广大读者的一致赞誉，逐渐成长为一个享誉海内外的出版品牌。

　　60 年来，人民美术出版社的全体同仁筚路蓝缕，艰苦创业，以融汇古今、贯通中西的文化姿态，以与时俱进、推陈出新的创新精神，扶植和团结了一大批著名画家、书法家和艺术家，培育和启迪了一代又一代读者，为繁荣新中国美术百花园，建设新中国艺术神圣殿堂作出了重要贡献。

　　人美一甲子，奋斗铸辉煌。人民美术出版社既是中华人民

★　2011 年 8 月 15 日，在人民美术出版社成立 60 周年出版成就座谈会上的讲话。

共和国之初的历史产物，又与中华人民共和国一路同行。它不仅见证了 60 多年来在中国共产党领导下中国经济社会的巨大进步，也见证了大国崛起和中华文化复兴的历史进程。人民美术出版社60 年的发展与成功，得益于社会各界的大力支持，得益于人民美术出版社历届领导班子和全体干部职工的辛勤耕耘和默默奉献。

当前，我们正处于推动社会主义文化大发展大繁荣的战略机遇期，党的十七届五中全会和国家"十二五"发展规划也再次将文化建设提升到关系国家软实力发展的战略高度。围绕进一步做好人民美术出版社的出版工作，我谈几点想法。

第一，要始终坚持正确导向，进一步打造时代精品和传世之作。导向是旗帜，是灵魂，是我们做好出版工作的根本前提。我们要始终坚持正确的出版导向、社会导向和文化导向，同时要进一步开辟内容创新的新模式，探索营销推广的新渠道，注重传统美术资源与当前美术热点的对接，注重纸媒介传播方式与新兴数字出版的对接，注重已有读者群体与新兴读者群体的对接，善于用如椽之笔描绘历史蓝图，善于用生花之笔反映时代新貌，善于用七彩之笔书写百家风采，善于用神来之笔表现艺术精神。

第二，要始终贴近读者，进一步做好知识普及和文化普及工作。历史上，人民美术出版社曾经出版了《开国大典》《我们热爱和平》《鸡毛信》《钢铁是怎样炼成的》等一大批家喻户晓的宣传画、年画和连环画，行销 1 亿多册，不仅占领了广阔的思想文化阵地，还深深影响了中华人民共和国几代人的成长，为宣传党和政府的路线方针、普及科学文化知识、提升国民文化素质作出了突出贡献。下一步，要努力发扬优良传统，紧扣大众文化消费新趋势，不断创新内容和形式，为新时期的知识普及和文化普及工作作出更大贡献。

第三，要创新体制机制，进一步壮大作者队伍和人才队伍。嘉木有本，活水有源。作者资源和人才资源是我们兴社强社、壮大事业的两大法宝，是我们维护品牌影响力、扩大文化竞争力的核心力量。希望人民美术出版社进一步团结更为广泛的社会各界朋友，不断完善作者资源数据库，精心组织出版更多名家之作和艺术经典。同时，也希望人民美术出版社继续加强人力资源开发，强化内部队伍建设，健全激励约束机制，用平台锻炼人，用感情温暖人，用事业留住人，继续培养一支视野开阔、业务精良、作风硬朗、爱岗敬业的优秀编辑出版团队。

第四，要大力挺拔主业，努力打造国际一流美术出版社。当前，我国文化体制改革方兴未艾，新的文化消费热点层出不穷，新的传播载体不断涌现，新的读者群体不断生长，这既给出版业带来历史机遇，也带来严峻挑战。人民美术出版社作为集团的重要成员单位，在2010年成功完成转企改制的重大任务，2011年也顺利解决了16年一直悬而未决的办公楼问题，正处于一个新的历史机遇期。集团公司将一如既往地支持人民美术出版社挺拔主业，做大做强，不断提升综合实力和品牌影响力，努力使人民美术出版社成长为国际一流的美术出版社。

人美一甲子，再绘满园春。今天，人民美术出版社已经站到了一个新的历史起点上，我衷心祝愿它描绘出更加辉煌灿烂的历史画卷，打造出更加宽阔美丽的艺术长廊！

40 年坚守成就《中华民国史》★

《中华民国史》的出版，是中华书局的大事，是中国出版集团的大事，也是中国出版界和中国史学界的盛事。早在 1971 年，周恩来总理就作出指示，将民国史研究列入国家出版规划，至今已有 40 年。这 40 年中，中国社科院近代史研究所民国史研究室的几代学者，中华书局的几代编辑人员，为此付出了无数的心血和艰苦的努力。正是由于学者对学术执著的追求和长期的坚守，也由于改革开放以来形成的宽松的学术研究环境，我们才能看到今天的成果。

2011 年，中国出版集团以国家"十二五"开局之年及纪念辛亥革命百年为契机，组织出版了 90 多种主题图书和一系列重要活动。《中华民国史》是其中的重点图书、代表性项目。其他的图书如《武昌城》《1911》也分别列入中宣部和新闻出版总署的重点项目。2011 年，中国出版集团在美国和中国台湾、香港、澳

★ 2011 年 8 月 30 日，在《中华民国史》重大科研成果发布会暨出版座谈会上的讲话。

门地区开展"纪念辛亥革命 100 周年系列活动"。其中,"纪念辛亥革命 100 周年精品图书联展"已于 2011 年 5 月 23 日至 6 月 2 日在美国纽约、新泽西、圣地亚哥三地同期举办;7 月 20 日,集团在香港书展上举办"纪念辛亥革命 100 周年"系列活动启动仪式;7 月 24 日,集团在澳门文化广场书店举行"纪念辛亥革命 100 周年精品图书展销"剪彩仪式;9 月,集团还将在台湾地区举办"纪念辛亥革命 100 周年精品图书展销"活动。《中华民国史》就是我们这一系列活动中隆重推介的重点图书、重磅作品。

《中华民国史》系列凡 32 卷,36 册,皇皇 2100 万字,是由《中华民国史》《中华民国史大事记》和《中华民国史人物传》构成的宏大学术出版工程,是一套由中国大陆出版的规模最大的"中华民国史",是代表大陆最高研究水准的民国史料、史传图书。

由中华书局来出版《中华民国史》,纪念辛亥革命 100 周年,回顾中华民族 100 年来艰苦奋斗的历程,更加坚定了我们在中国共产党的领导下,实现中华民族伟大复兴的决心和信心。同时,出版《中华民国史》这样的优秀出版物,无疑会将民国史学研究推向一个新阶段、新高潮,产生重大的影响。

期待以《中华民国史》的出版为契机,带动国内外民国史研究进入新的阶段;希望中华书局在即将迎来百年华诞之际,一如既往地坚守"古籍整理,学术出版"的阵地,继续为学术界奉献学术精品,为广大读者奉献优秀作品!

为上海发展作贡献，在上海获得大发展[★]

中国出版集团公司所属的四家品牌企业——商务印书馆、生活·读书·新知三联书店、人民音乐出版社、荣宝斋，在中国出版蓝桥创意产业园联合举办以"回家"为主题的出版系列活动，庆祝自己设立分号、重返上海，回到自己的发祥之地、关联之地，是一件可喜可贺的大事。

这次在上海建立分支机构的四家品牌企业，商务、三联、音乐三家，分别于1897年、1932年、1938年创建于上海；荣宝斋于1672年创建于北京，1894年更名荣宝斋，20世纪初在上海设立分店，与今天的上海朵云轩有着千丝万缕的联系。新年伊始，四家平均年龄超过百岁的老牌企业，怀着新希望回到了上海。相信，一定会在上海市各级党委和政府部门的支持下，有新的作为，有新的贡献。

党的十七届六中全会发出了把文化产业打造成国民经济支柱

★ 2012年1月5日，在以"回家"为主题的出版系列活动中的讲话。

性产业、把我国建设成为文化强国的号召，充分体现了我们党在文化上的高度自觉和政治上的远见卓识。

我们认为，建设文化强国，首先要建设国际一流的文化企业；国际一流的文化企业，必然是从事跨国经营、参与国际竞争的企业；跨国经营的企业，首先应当是布局全国、跨地区经营的企业。而上海，正是我们布局全国、跨出国门、纵横国际所不可忽略的重要基地。这是因为，上海是中国近代化的起点，是中国近代出版的起点，至今仍然是中国的经济文化重镇，是孕育新思想、产生新观念、形成新思路、提出新方法、引领新风尚的思想文化重镇。所以，我们要重返上海。

我们还认为，把文化产业打造成国民经济支柱性产业，只能从经济文化发达的地区开始，只能从上海这样的国际性大都市起步。上海的科技文化产业已经比较发达，政策优势、资源优势、人才优势、投资环境优势、产业集聚优势都很明显。我们的企业回到上海，首先要紧紧依靠上海各级领导部门的支持，积极参与上海的文化建设，为上海的文化大发展大繁荣贡献力量；其次要紧密团结与联系上海的科教文化机构和有关组织，相互交流、相互促进，互利合作、共同发展；最后要努力学习上海人敢为天下先的创新精神，不断提高我们企业的创造活力和竞争实力。总之，我们要立足上海、依靠上海、服务上海，为上海的文化大发展作贡献，从上海获得企业自身的大发展。

中华百年　再造辉煌★

今天，我们欢聚在这里，以出版界高峰会议的形式，共同庆祝中华书局创建 100 周年，很有意义。

自 1912 年到 1949 年，中华书局一度拥有 50 多家分支机构，1000 多家分销处，在新加坡和中国香港、台湾地区都设有分局，业务遍及全国及海外，经历过发展的辉煌，也经历过经营上的困局。中华人走过了一条很不平坦的出版业发展道路。

自 1958 年经中央批准成为古籍和学术著作专业出版社以来，中华书局书写了新的历史和新的辉煌。点校本《二十四史》成为取代武英殿本《二十四史》和百衲本《二十四史》的、海内外公认的权威读本，是代表新中国古籍整理出版最高水平的标志性作品。

进入 21 世纪以来，中华书局遵循"守正出新"的出版理念，在"弘扬传统，服务学术"的基础上，增加了"传承文明，创新

★　2012 年 1 月 8 日，在出版界同庆中华书局百年华诞峰会上的致辞。

生活"的宗旨。一方面,挺拔主业,组织实施了点校本《二十四史》及《清史稿》修订工程,出版了大批代表当前古籍整理水平的图书和《中华民国史》《顾颉刚全集》等重量级的学术著作。另一方面,《于丹〈论语〉心得》、"正说"历史系列等书的出版,也引领了国学类、历史类图书阅读的新风尚,在弘扬和普及中华优秀传统文化方面作出了新贡献。注重出版物的内在价值,注重编校质量,以此体现学术文化积累和传承的效能,已经成为中外推许的中华书局的出版个性。

中国出版集团拥有中国仅存的两家百年老社——商务印书馆和中华书局,它们为中国百年来的人文积淀和文化传承作出了不可磨灭的贡献。在传承和弘扬中华民族优秀传统文化方面,中华书局更是作出了不可替代的、卓越的贡献。中国出版集团以此为荣,中国出版界也以此为荣!

当前,全国上下都在为建设文化强国而努力。文化强国,离不开像中华书局这样的国际一流的品牌文化企业的支撑。希望中华书局以百年华诞为契机,继续认真学习贯彻中央精神,继续紧密团结广大学者和业界朋友,围绕构建社会主义核心价值体系、构建中华民族共同的精神家园,放眼新的百年,确立远大目标,总结历史经验,放大现有优势,创新发展模式,创造新的辉煌,为国家文化建设的大繁荣、大发展作出新的贡献!

让红色的旗帜高高飘扬★

参加《〈旗帜〉是这样诞生的》——大型电视文献纪录片《旗帜》创作纪实新书发布会，我本身就感受到一种震撼，我们是在表达一个共同的心声：唱响主流话语的时代课题，彰显红色经典的经久魅力，让红色的旗帜高高飘扬。

利用电视传媒记录中国共产党的伟大历程，是我们民族文化自觉、民族文化自信的标志。10集大型文献纪录片《旗帜》，是建党90周年重大宣传项目，由中央宣传部、中央文献研究室、中央党史研究室、国家发展改革委、国家广电总局和中央电视台联合摄制，规格高，手笔大。这部纪录片是迄今为止中央电视台第一部全面梳理和真实记录中国共产党90年来风云变幻和光辉历程的大型文献纪录片，史学价值和文献价值很高，制作水准、艺术水准很高，感染力很强。《旗帜》的诞生是大型纪录片运作

★ 2012年1月9日，在《〈旗帜〉是这样诞生的》——大型电视文献纪录片《旗帜》创作纪实新书发布会上的讲话。

的一个成功经典案例，为文献纪录片的创作树立了标杆。

《旗帜》播映后，社会反响十分强烈，不仅为社会各界广泛关注，更是被年轻观众热评为一部生动的党史电视教科书，它让中国共产党的红色精神在青年一代心中扎了根。

把这样一部高水准的文献纪录片，改造成图书出版，符合全媒体时代观众和读者的需要和迫切愿望。因此，编辑出版《旗帜》同名书籍很有意义，当然也有很大挑战，需要进行一次学术性梳理、深度思考和再度创作。为了使读者更加立体地、全方位地了解《旗帜》原生态创作纪实，体味幕后那些不为人知的艰难历程，全书以《旗帜》的拍摄制作过程为依托，通过对经典案例的立体分析，对《旗帜》从选题立意、主题阐释、创作理论、视听创新、音效组合，到宣传营销、台网联运、团队建设等各个环节，进行了全方位的梳理与评析；透过影像表达、影像解读、影像创作、影像故事、影像评析五大篇章，全景式地展现了《旗帜》的创作历程、创作特点、运作经验和传播价值，特别是就其传播力与影响力、文献价值与史学价值等，进行了深度解读。此书的出版，将为中国电视人积累诸多宝贵经验，为大型文献纪录片的创作提供有益的探索，为广大读者提供更多的视角选择。

近几年来，中国民主法制出版社在弘扬社会主义核心价值体系、弘扬红色主旋律的出版层面，作出了艰辛的努力和积极的尝试，推出了影响力至深至广的《大国崛起》《复兴之路》《重访红系列》等精品图书，创立了品牌，赢得了声誉。今天，中央电视台与中国民主法制出版社再度联手，强力推出《〈旗帜〉是这样诞生的》这部跨年度力作，回望 90 年，展望十八大，寓意深刻，影响深远，不可不读。

旗帜就是形象，旗帜就是方向，旗帜就是引导一个党、一个军队、一个国家、一个民族前进的目标、道路和理论。大型文献纪录片《旗帜》，成功构建并通过电视传媒强化了国家意识形态的主流话语体系。"中国共产党为什么能？"因为我们有《旗帜》！因为"旗帜是这样诞生的"！

唱响国家意识形态主流话语的时代课题，有我们执著担当的中国纪录片电视人；彰显红色经典的经久魅力，有我们敬业勤奋的中国图书出版人。我们一起努力，让红色的旗帜高高飘扬！

导读经典　普及理论★

　　经典是民族的文化基因，经典是思想的源头活水。马克思主义经典著作，是社会主义文化建设的核心内容。这类经典，卷帙浩繁，如何整理、阐释，如何选择、出版，如何让更多的读者容易阅读、有效阅读，从来都是个难题。今天，由艾四林教授领衔总主编，由众多一流学者精心解读，由中国民主法制出版社精心打造的《马克思主义经典著作导读丛书》问世，在经典整理和出版方面开拓了一条新路。在此，我代表中国出版集团对丛书的出版表示衷心的祝贺！对参与这套丛书编写的各位专家学者表示衷心的感谢！

　　党的十七届四中全会提出了推进马克思主义中国化、时代化、大众化的重大课题，作出了建设马克思主义学习型政党的重大战略决策。加强马克思主义经典理论的学习，提高马克思主义理论素养，是建设马克思主义学习型政党的重要任务。十七届六中全

★　2012 年 4 月 8 日，在《马克思主义经典著作导读丛书》出版座谈会上的讲话。

会就推动社会主义文化大发展大繁荣作出重要部署，明确要求要引导党员、干部深入学习马克思主义。然而马克思主义著作博大精深，有些观点甚至深奥难懂。要想学习进去，了解它、理解它，并不容易。不读原著，只看阐释性著作，虽然容易，但是难以深入理解马克思主义的精神实质和思想精髓；只读原著，没有引导，对于广大的普通读者来说，难度又太大。那么如何学习马克思主义经典著作才好呢？我们认为，还是要直接研读原始文本，同时辅之以权威导读，这才是最好的学习途径。中国民主法制出版社出版的《马克思主义经典著作导读丛书》，就是基于这一研读需求。

这套导读丛书，由中国民主法制出版社策划，艾四林教授领衔总主编，并组织清华大学、北京大学等高校中长期从事马克思主义教学和研究的一流学者共同打造，最鲜明的特点就是经典原创、精心选择、系统阐释、权威导读有机结合。这样的特点，有助于读者原原本本地读几本马克思主义经典著作，理解其基本原理，掌握其立场、观点、方法，领会其理论品质，从而促进哲学思考，坚定理想信念，指导社会实践，解决实际问题。因此，我们相信，这套丛书的出版，对于马克思主义学习型政党组织建设，对于大学生、研究生马克思主义理论课程建设，对于党政干部、院校师生、广大读者的信仰塑造和理论锻造，都有着十分积极的现实意义，实在是一件可喜可贺的大好事。

出版这套丛书的中国民主法制出版社，是中国出版集团的重要成员单位。近几年来，民主法制出版社出版了《大国崛起》系列丛书、《复兴之路》系列丛书以及《社会主义民主法制文集》《建设学习型机关博学文库》等一批优秀理论著作，创立了主流理论著作出版的品牌。在此，希望我们的出版社能够以这套丛书的出版为契机，进一步得到学术界、出版界、媒体界的认可和支持，为推动学术研究、繁荣学术出版、服务广大读者作出更多的贡献。

BIBF：中国出版人的名片　世界出版人的舞台★

第 19 届北京国际图书博览会于 2012 年 8 月 29 日顺利开幕了。借此机会，向大家报告一下本届图博会的情况。

第一，规模大，参与程度高。① 75 国参展，较 2011 年的 60 国增加了四分之一；②突出南美、南亚东南亚、南部非洲、中东等"三南一中"地区，阿根廷、印度尼西亚、斯里兰卡、阿富汗，以及欧洲的奥地利等首次参展；③近 2000 家国内外展商参展，国内展商 989 家，国际展商 997 家；④ 20 万种中外书刊参展；⑤设立 19 个国家展台，包括英、德、法、日、瑞典、土耳其。

第二，展区布局合理，便于交流。①展区共 5.3 万 ㎡；②分为七大功能展区：海外展区 1.4 万 ㎡，大陆展区 1.92 万 ㎡（其中中国出版集团 600 ㎡），数字展区 1 万 ㎡，主宾国 2000 ㎡，主宾市展区 1000 ㎡，图书馆配和现采区 5000 ㎡；中国新闻出版业"走

★　2012 年 8 月 29 日，在新闻出版总署及各省市新闻出版局、出版集团展前会上介绍第 19 届北京国际图书博览会情况。

出去"十年成果展展区 1200 ㎡。

第三，活动众多，促进交流。①安排有 1000 多场活动，其中 170 多场大型活动，10 多场重大活动；② 10 多场重大活动包括：开幕式及中华图书特殊贡献奖颁奖仪式、领导参观专场、韩国主宾国文艺演出、国际出版论坛、国际版贸研讨会、中国馆长与国际社长对话论坛、中韩"10+10"出版人会议、文学之夜。

第四，名企名流云集，带动交流。①著名企业包括：培生、励德·爱思唯尔、汤姆森·路透、威科、阿歇特、麦格劳·希尔教育集团、施普林格等；②著名出版人包括：池永硕、菲利普·鲁派奥、德克·汉克、潘仕勋等；③著名作家、学者、艺术家包括：铁凝、刘震云、李洱、曹文轩、舒婷、郎朗、柬埔寨知名作家克罗缇达、德国著名教授莫芝宜佳、韩国东亚经济研究院首席研究员金胜一、西班牙马德里自治大学教授和东亚研究中心主任达西安娜·菲萨克、耶鲁大学校长理查德查·雷文；④高层领导包括：李长春、刘云山、刘延东、郭金龙、柳斌杰、联合国副秘书长约瑟夫·V.里德、韩国文化部长。

第五，数字出版引领潮流。①展商类型广，包括数字出版商、集成商、技术商、消费商；②展品类型多，包括线上产品、阅读器；③探讨问题广泛，包括资源海量化、专业化、版权定价、个性化使用，以及渠道建设、合作分成、配送方式、新机制等问题。

第六，以产品展示和版权贸易为主。

希望本届国际图书博览会，能够有更多的版权贸易、产品贸易、项目合作、理论探讨，能够促进专业交流，促进产业发展，带动大文化交流，提高读者阅读鉴赏水平，开拓作者创作思路，提升出版企业生产技术水平，增进国家民族间文化交流、碰撞与融合，成为引领行业发展潮流的综合性文化展览，成为中国出版人的名片、世界出版人的共同舞台。

弘扬中华文化　传承民族精神★

　　今天论坛的主题是："发扬中华文化传统，传承中华优秀民族精神"。这个题目选得好，符合两岸出版界的专业特点和文化特性。

　　中华文化源远流长、博大精深，一直是中华民族强大凝聚力的源泉，是维系全体中国人的精神纽带，是全体中华儿女共同的宝贵财富。在历史发展的长河中，台湾文化逐渐形成了自己的区域特点和鲜明特色，既丰富了中华文化、为中华文化的发展壮大作出了宝贵贡献，也成为中华文化不可分割的重要组成部分。在两岸的文化交流过程中，大陆需要欣赏和学习台湾文化中的这些特色，台湾也需要更多地汲取中华文化的精髓。事实上，只有透过两岸人民对彼此共同的文化价值观的认同，两岸之间才能够以文化为纽带，凝聚共信共识，形成文化凝聚力。

　　出版，是传承文明、传播文化的基本形式。两岸应该进一步

★　2012 年 11 月 23 日，在海峡两岸出版高峰论坛上的致辞。

加强出版文化方面的交流与联系，借助两岸共同的文化载体——汉字和汉语，推动历史的、文学的、艺术的、民族民间的乃至各个方面的文化交流，扩大文化共性，消解价值观上的差异性，提高两岸人民的文化互信、情感互动、精神互依。

我们相信，通过这次论坛的讨论，通过两岸出版文化工作者的辛勤努力，一定能够进一步阐发台湾文化的本源和主体，论证中华文化与台湾文化的共性，以及台湾文化在发展中形成的某些特性，确证两岸同胞共同的文化之根将彼此不可分隔地永远联结在一起。两岸尽管在政治意识形态及体制上有所差异，但是两岸同胞都是中国人，都是中华文化的传承人。中国是我们共同的家园，中华文化是我们共同的根基。为此，我们要通过大力促进两岸文化交流，共同继承和发扬中华文化的优秀传统，共同保护好中华文化这一共同财富。

我们期待，通过富有实效的交流载体和平台，密切与增进两岸文化的交流与合作，不断拓展交流的广度与深度，使得两岸人民共同成为中华文化的传承者、传播者和开拓者，使得中华文化不断地薪火相传、发扬光大！

繁荣华文出版　造福两岸同胞★

　　第十三届大陆图书展暨新疆主题展开幕了。书展期间，除了集中展示大陆精品图书外，还将系统展示新疆维吾尔自治区的出版产品和文化产品。大家将会领略到新疆的民族文化特色、区域文化特点，体会到作为中华民族文化重要组成部分的新疆文化的绚丽多姿。

　　两岸出版交流始于 20 世纪 80 年代。1988 年，台湾出版界人士从日本绕道至北京，参观"第二届北京国际图书博览会"，并参加了同年 10 月由中国出版对外贸易总公司在上海举办的"首届海峡两岸图书展览"，当时的上海市市长、后来的海协会会长汪道涵先生参加了开幕式。从此，两岸出版交流拉开了帷幕。

　　在两岸出版协会的共同策划和组织下，1994 年，大陆在台湾举办了第一届图书展。从此，以书展为平台，以互惠双赢为原则，两岸出版界常来常往、不断交流，共同推动了中华出版业的繁荣与发展。

★　2012 年 11 月 23 日，在第十三届大陆书展开幕式上的致辞。

20 多年来，两岸出版交流的规模从小到大、人数从少到多，交流的方式从间接到直接、从单向到双向，从一般交流到实质性合作，取得了突破性的进展。主要表现在以下几个方面。

一是图书贸易不断扩大。20 世纪 80 年代以来，大陆平均每年进口台湾出版物在 600 万美元以上，每年出口台湾图书约 10 万多种；到 2010 年，大陆方面除书展期间集中向台湾选送大陆优秀图书外，每年约有 15 万种以上的图书进入台湾市场，年平均销售在 700 万册以上，而且输出输入量都呈现出不断上升的趋势。加上目前岛内陆续开设的大陆图书专卖店，大大推进了简化字图书在台湾市场的销售。

二是版权贸易不断提升。1998 年至 2008 年，中国大陆引进台湾地区版权 12000 项以上，输出台湾版权 6000 项以上。2011 年，大陆引进台湾地区版权 1497 种，其中图书版权 1295 种；输出台湾地区版权 1656 种，其中图书 1644 种。在大陆每年的版权贸易总量中，对台湾地区的输出占总输出的第一位；从中国台湾的引进占总引进的第三位（第一、第二位分别为美国和英国）。

三是书展平台不断拓展。自 1990 年起，台湾地区每年都派出阵容强大的团组参加北京国际图书博览会、全国图书订货会和全国书市（书博会），并不定期地在大陆各省份举办书展。大陆出版界也多次在台湾举办书展、期刊展。通过互办书刊展，通过图书、报刊这一特殊的文化载体，使得两岸出版界增进了合作互信，也使两岸人民感受到了乡情、亲情和友情，其意义已远远超出了展览本身。

四是两岸出版人的交流不断密切。每年，台湾都有数以千计的出版人士赴大陆参访；大陆也有近 50 个团组、千余人次赴台交流。双方在合作出版、编辑、发行、物流和印刷等方面进行的广泛的交流活动，为两岸出版业的发展注入了生机与活力，夯实了两岸出版业共同发展、共同繁荣的基础，对于推进两岸的文化交流与融合极具历史意义和现实意义。

借此机会，我要特别感谢台湾图书出版事业协会的陈恩泉理事长，感谢为两岸出版业交流合作作出了贡献的各位台湾出版界人士，感谢你们的努力与重要贡献！

两岸出版交流的成果来之不易，我们应该倍加珍惜；两岸和平发展的局面来之不易，其中也有我们出版界的一份功劳。

我们深知，两岸同胞同宗同文，皆为炎黄子孙。五千年灿烂的中华文化把两岸同胞紧紧地联系在一起。两岸人民在语言、情感与文化传统上是相通的，在出版文化方面不仅具有融合性，而且也有优势互补性。切实加强交流、增进互信、促进合作，切实弘扬中华文化、传承民族精神，切实繁荣华文出版、造福两岸同胞，是两岸出版人的共同心愿。

我们希望，在两岸关系和平发展的新形势下，两岸出版人一定会承前启后、继往开来，不断扩大交流与合作领域，以推动两岸出版业的大发展，以适应两岸文化的大交流，以促进两岸人民共享文明成果，共同进步与幸福！

原版直供　服务读者★

新中国成立以来，中国各地办了很多外文书店。2000 年，中图公司自己也办过外文书店。这些外文书店自成系统，所卖的书，大多数是由中图公司提供的。由于不适应新的读者需求，这些外文书店逐渐萎缩了。

今天，重新设计、布局一新的中图外文书店，是一个全新的文化空间，有几个突出特点——一是外版书刊原版直供，实现国际同步阅读，供货的中图公司本身就是中国最大的出版物进出口企业；二是全品种销售，包括期刊、图书、音像制品，也包括动漫和衍生产品；三是零售和订购直供相结合，前台零售近万个品种，并通过在线书店征订，后台的中图公司可凭借遍布全球的派送网络，快递提供 30 多万个品种的外版读物；四是体现数字化的时代特点，把青少年外文阅读、外语培训、动漫娱乐、创意体验、咖啡休闲结合在一起，构成惬意、舒适的文化空间；五是体现国

★　2014 年 4 月 22 日，在中图外文书店开业典礼暨"原版直供国际同步阅读"主题活动上的致辞。

际化的时代特点，为中外朋友提供双向交流平台，搜集海外需求，促成更多更合适的中国出版物通过中图公司走向世界。

今天举办的中图外文书店国际同步阅读活动，也是中国出版集团书店品牌系列推广活动的第一场。除了新华书店总店外，中国出版集团在北京，有三联韬奋书店、涵芬楼、灿然书屋、百科书店以及文学、音乐、美术、荣宝斋等9家各具特色的品牌书店，构成了京城独特的文化风景线和精神家园；在上海，还有6家现代书店连锁店；在海外，还有10家新华书店。在世界读书日到来之际，各家书店将举办各种读书服务活动，让读者喜欢我们提供的出版物也喜欢我们的书店，让社会在崇尚阅读的同时也更加文明与进步。

希望大家常来中图外文书店，读书益智、休闲养心、分享快乐！

为改革发展尽力　为美好生活添彩★

今天是邓小平同志诞辰 110 周年的纪念日，再过一个多月，我们将迎来新中国成立 65 周年国庆日。在这两个具有特殊意义的日子里，我们中国出版集团在这里举办"纪念邓小平同志诞辰 110 周年暨庆祝新中国成立 65 周年书法绘画摄影作品展览"开幕式，以此来表达对伟人邓小平的怀念之情，歌颂改革开放的伟大成就；表达对新中国成立 65 周年的欢庆之喜，歌颂党的正确领导，歌颂各族人民的大团结。

邓小平同志是中国改革开放的总设计师，是全国各族人民衷心爱戴的卓越领导人，他的一生是光辉灿烂的一生，是为中国人民的幸福不懈奋斗的一生，中国人民永远怀念他。是他，在我国革命和建设的关键时期，以独特的战略家的眼光，整体设计和全面开启了我国的改革开放，使我国社会主义现代化建设取得了世

★　2014 年 8 月 22 日，在纪念邓小平同志诞辰 110 周年暨庆祝新中国成立 65 周年书法绘画摄影作品展览开幕式上的讲话。

界瞩目的伟大成就。党的十八大以来，以习近平同志为核心的新
一代中央领导集体，全面推进邓小平同志开创的改革开放的伟大
事业，正在带领全国人民为践行人民幸福、国家富强的"中国梦"
而努力奋斗。抚今追昔，深切缅怀邓小平同志的丰功伟绩，就是
要坚持和完善中国特色社会主义制度，坚定不移地高举中国特色
社会主义伟大旗帜，坚定不移地走中国特色社会主义道路，坚定
不移地实现中华民族伟大复兴的中国梦。

　　我们中国出版集团正是遵循邓小平同志所倡导的改革开放精
神而组建的。为了适应改革发展的新形势，2012 年，中国出版集
团提出并积极推进"三六构想"，取得了明显成效。2014 年，中
国出版集团在全球出版业 50 强中排名第 14 位，在全国文化企业
30 强中继续榜上有名，这是值得我们自豪的。在这样的大好形势
下，我们需要继续保持奋发有为的精神状态，继续保持创新进取
的良好作风，调动全集团广大职工的积极性和创造性，为建设国
际著名出版集团而努力奋斗。

　　在这样的背景下，我们根据《中直机关工会、中直机关书画
协会关于举办"中共中央直属机关庆祝建国 65 周年书画展的通
知"》精神，举办了这次作品展览。这既是纪念活动，也是大型
文化活动。本次活动得到了集团广大职工的积极响应，共征集书
法绘画摄影作品 550 余幅，经过专家评委认真筛选，入选展览的
作品 221 幅，其中书法 89 幅，绘画 45 幅，摄影 87 幅。这些作品，
有的描绘壮美山河，有的书写人文精神，有的抒发文化情怀，有

的记录重大事件，有的表达生活细节，从不同角度反映了出版改革发展的历程，彰显了集团成立 12 年来的重大成果，反映了广大干部职工的工作状态和生活情趣，展现了广大干部职工不懈努力、追求卓越的良好精神风貌。

与此同时，为了加强与各兄弟新闻出版单位的联系，本次展览还特意邀请了北京和京外新闻出版界的书画界朋友一起参展，他们的作品具有深厚的文化底蕴和很高的艺术水平，为本次展览增添了一道亮丽的光彩。在此，向他们表示真诚的谢意！

本次展览是集团成立以来举办的第 11 次书法绘画摄影展览，也是规模和水平比较高的一次展览。书画摄影展览作为企业文化的重要组成部分，已经成为展示广大职工精神风貌的平台，成为增强集团凝聚力的重要活动，成为建设品牌集团的重要组成部分。希望本次展览在为集团改革发展添一分光彩的同时，也能为多出好书、多出精品尽一份力量，为提高干部职工的艺术水平尽一份力量，为建设幸福美好、团结和谐、积极向上的集团营造良好的文化氛围。

这次书画摄影展览又一次在驰名中外的荣宝大厦举办，得到了荣宝斋的大力支持，在此一并表示衷心感谢！

做中阿文化交流的使者★

作为文化传播能力最强的出版国家队，中国出版集团历来重视优秀文化资源的"走出去"工作，努力打造国际化的出版集团。华文出版社自从 2011 年加入中国出版集团以来，在版权输出方面细致耕耘，输出增长率一直位于集团各单位的前列，特别是在与阿拉伯出版商的合作方面做得有声有色，是集团对外版权输出的一块很有特色的领地。华文社在最近几年中，依托自身优势，先后向阿拉伯世界输出了十余种图书版权，内容涵盖了文学、传记、历史、艺术等方面。其中重点项目《人民语录》荣获集团"优秀'走出去'奖"，《人民语录》的阿拉伯文版也是由突尼斯库努兹出版社出版的。《书法》国际版完成了 6 个语种、7 个版本的输出，其中包括突尼斯库努兹出版社出版的阿拉伯语版，在海外市场取得了良好的反馈。此次由华文社代理的经典文学作品系列也开始在阿拉伯国家闯出一片天地。周大新先生的《安魂》，以及

★　2014 年 8 月 27 日，在华文出版社《安魂》阿语版签约仪式上的讲话。

后续的《湖光山色》和《21 大厦》正在翻译阶段，不久就会与读者见面；后续的还将有张炜、张承志、徐坤等作家的作品，也将陆续与阿拉伯读者见面。这些累累硕果，让我们有理由期待华文出版社在向阿拉伯世界介绍中国文化方面作出更大的贡献。

华文社也将引进一系列阿拉伯经典作品，并在阿拉伯各国驻华使馆的协助下，遴选优秀的阿拉伯当代作品，将它们带给中国的读者。这将进一步促进中阿文化交流，增强中阿人民的相互了解，传承中阿友谊。习近平总书记倡导"新丝绸之路"，阿拉伯国家可发挥重要作用。希望华文社在践行国家"新丝绸之路"的大战略中，继续立足自身优势、承担文化使命，同阿拉伯国家有关合作方开展更为深入而全面的合作，打造优势品牌，做中阿文化交流的使者，做中国当代文化"走出去"的践行者。

老树新枝更著花★

　　中国出版集团是经中共中央、国务院批准成立的中央文化企业，有着深厚的文化积淀、学术传统和社会影响力。作为中国出版产业的旗舰，集团包括各级子公司、控股公司百余家，拥有商务印书馆、中华书局、生活·读书·新知三联书店、人民文学出版社、人民音乐出版社、人民美术出版社、中国大百科全书出版社等 30 多家知名出版企业，其图书零售市场占有率长期保持在 8% 左右；拥有中国图书进出口（集团）总公司这个中国最大的出版物进出口企业，进口、出口总量分别占全国的三分之二和三分之一以上；还拥有 300 多年历史的艺术品经营企业荣宝斋，这是我国艺术品经营的龙头企业。出版、进出口和艺术品经营，是中国出版集团的三大主业。

　　中国出版集团的战略目标，是努力成为国际著名、国际一流的出版传媒集团。集团已经连续两年入选全球出版业 50 强，2014 年还入选"亚洲品牌 500 强"，是国内唯一入选的出版企业。

★　2014 年 10 月 16 日，在荣宝斋洛阳分店成立仪式上的讲话。

整体实力的提升，使得集团在跨媒体、跨地区、跨行业、跨所有制、跨国界联合发展方面，有了更好的机遇和条件。

荣宝斋洛阳分店的开业，就是"五跨发展"的又一个成功案例。荣宝斋迄今已有342年历史，是我国现存历史最悠久的民族文化品牌。多年来，在文化传承上，荣宝斋坚持弘扬民族传统文化，坚持"以文会友，荣名为宝"，享誉海内外，是民族文化品牌中的领军品牌；在经营发展上，荣宝斋以传统业务为核心，开拓传统文化的多元业务，稳步扩大经营规模，是书画艺术行业的龙头企业。最近几年，在党和政府高度重视文化发展的背景下，荣宝斋抓住时代机遇、依托品牌优势、大力改革创新，围绕主业、多元发展，是中国出版集团各单位中发展最快、成长最好的企业之一。通过跨地区经营，荣宝斋积极打造全国营销网络，先后已有7家分店开业，品牌影响力进一步提升。

洛阳是举世闻名的十三朝古都，文化底蕴深厚，文化市场繁荣。荣宝斋选择在洛阳开设分店，体现了荣宝斋经营团队的远见卓识；洛阳选择荣宝斋作为繁荣文化市场的依托，也体现了洛阳政府、艺术界、工商界的远见卓识。"苍龙日暮还行雨，老树春深更著花"。互相借重、互相依靠，互相信任、互相支持，是荣宝斋洛阳分店成功发展的基础。有了这个良好基础，再加上各界朋友的支持，加上广大洛阳市民的厚爱，加上分店全体员工的努力，荣宝斋洛阳分店一定能在繁荣发展中州大地传统文化和文化事业方面，起到促进作用，作出重要贡献！

阳骄叶更阴★

在春风和暖、柳绿花红的 4 月，中国出版集团迎来了精神文明建设的喜庆日子。中直机关文明委为荣宝斋获得第四届全国文明单位举行挂牌仪式，这不仅是荣宝斋的荣誉，也是中国出版集团的荣誉。

中国出版集团是出版文化产业的国家队，肩负着推进社会主义文化大发展大繁荣的重大使命。集团公司党组一直以来非常重视精神文明建设工作。集团文明委在中直机关文明委和集团公司党组的领导下，不断创新精神文明建设工作的方式方法，积极开展群众性精神文明创建活动，为集团改革发展营造了团结和谐、拼搏进取的良好氛围。

荣宝斋是一家有着 340 余年历史的老字号，也是现存历史最悠久的民族文化品牌。荣宝斋从事书画经营、文房用品销售、木版水印、装裱修复、拍卖、典当、出版印刷、展览展示、美术培

★ 2015 年 4 月 9 日，在第四届全国文明单位挂牌仪式上的讲话。

训、进出口贸易等综合文化业务,拥有"木版水印"和"装裱修复"两项国家级非物质文化遗产。

"岁老根弥壮,阳骄叶更阴。"近年来,荣宝斋实现了快速发展,"五年十店"战略布局提前完成,销售和利润实现飞跃式发展,成为集团的销售和利润大户。在经济快速发展的同时,荣宝斋一直非常重视精神文明建设工作,在企业经营管理过程中始终坚持社会效益是企业生命线的经营宗旨,坚持一手抓企业经济效益的快速增长,一手抓企业精神文明建设和企业文化建设,特别是在贡献社会、体现社会责任方面荣宝斋一直走在前列。比如,先后组织了"为了汶川·情系灾区"义卖会、"感动母亲——'大地之爱·母亲水窖'五周年公益活动";向玉树地震灾区、舟曲灾区等捐赠善款 1200 余万元;长期与宣武培智中心、残疾人活动中心、牛街民族敬老院、武警七支队等单位开展共建,培育企业和员工的公益责任心。荣宝斋把发展事业和做好公益有机结合起来,积极为建设和谐社会作贡献,树立了良好社会形象。

今天,中直机关工委和中直机关文明委为荣宝斋举行第四届全国文明单位挂牌仪式,既是对荣宝斋过去精神文明建设工作的肯定,也是对荣宝斋继往开来奋力拼搏的激励。希望荣宝斋珍视荣誉,再接再厉,努力把精神文明建设工作推向新的高度。

当前,全国上下正在为实现"四个全面"战略布局努力工作,中国出版集团正在为建设国际著名出版集团努力奋斗。在实现伟大奋斗目标的进程中,精神文明建设工作具有不可或缺、不可替代的重要作用。集团文明委要按照中直机关文明委的要求，结合集团的实际，进一步加大精神文明建设工作力度，不断深化拓展群众性精神文明创建活动，为推动集团实现新的更大的发展提供强大的精神动力和强有力的思想保证。

伴着书香好成长★

大家都相信，一个民族有什么样的青年就有什么样的未来，一个国家有什么样的文化才会构筑什么样的梦想。今天，在我国近代出版的发源地商务印书馆举办中国出版集团首届"书香青年"读书文化活动，具有特别的意义。

在世界读书日即将来临之际，在全国上下积极培育和践行社会主义核心价值观，努力增强我们的道路自信、理论自信、制度自信和文化自信之时，集团团委、青年联合会按照团中央、全国青联的工作部署，在中直机关团工委、青年联合会的指导帮助下，策划和组织了首届"书香青年"读书文化活动。这次活动得到了集团各单位团员青年的热烈响应。这说明，"书香青年"活动适应了集团改革发展的现实需要，贴合集团青年追求知识、渴望读书的需求，有利于促进青年工作的积极开展。

读书的目的在于增长知识、积累文化、陶冶情操；对于青年

★ 2015 年 4 月 18 日，在中国出版集团首届"书香青年"读书文化活动启动仪式上的讲话。

朋友而言，重在培育核心价值观。2014年五四青年节，习近平总书记在同北京大学师生座谈时指出："青年的价值取向决定了未来整个社会的价值取向，而青年又处在价值观形成和确立的时期，抓好这一时期的价值观养成十分重要。"通过读书养成好的价值观，对于国家和民族的未来至关重要，对于实现青年自身的事业追求和梦想至关重要；通过读书，在社会上倡导、引领阅读风尚，构筑书香社会，对于履行好我们中国出版集团这个出版国家队的社会责任，也至关重要。

中国出版集团成立13年来，始终坚持出版服从、服务于改革发展大局，始终坚持正确的出版导向和社会效益第一的原则，努力为建设现代化、大型化、国际化的"国际著名出版集团"而奋斗。党的十八大以来，中国出版集团紧紧围绕践行社会主义核心价值观，出版了一大批主题图书、优秀图书。鉴于集团一直保持着全国最高的市场占有率，我们出版的优秀图书和报刊的市场覆盖面最大、社会影响也最大，我们的出版工作产生了很好的社会效益和经济效益，促进了出版文化事业的繁荣发展，引领了社会阅读风尚。

习近平总书记《在文艺工作座谈会上的讲话》中强调，"社会主义文艺，从本质上讲，就是人民的文艺。……文艺要反映好人民心声，就要坚持为人民服务、为社会主义服务这个根本方向。"我们集团的发展实践证明，正是由于坚持了"二为"方向和"双百"方针，积极培育和践行社会主义核心价值观，努力弘扬民族文化、传播先进文化、提高民族素质、培育民族精神，我们的出版物才会广受读者欢迎，我们的各项事业才能不断进步。

2015年的政府工作报告，将建设"书香社会"确立为国家战略，这既是国家需要，也是全民共识。这个战略的确立倾注了我们许多出版人的心血，正是许多出版人不断地提议案、打报告，才最终促成了这样的政府决策。

建设书香社会，中国出版集团责无旁贷。2014年我们集团做了一项工作，从历年出版的几十万种图书中精选出290种，作为集团代表性的品牌图书，向全社会推荐；2015年，集团的1900位青年又精选了60种图书作为"青年书架"图书，这60种图书是优中选优、精中选精，非常值得大家一读，具有推广意义。

建设"书香社会"要从青年做起，更要从我们出版界的青年做起。青年需要读书，读书滋养青年。读书是优秀的传统，也是时代的风尚，更是一个民族得以蓬勃发展、永续生机的希望和源泉。我们中国出版集团的青年，理当从出版和阅读两个方面，多出好书、推荐好书、服务读书，带头读书、倡导读书，引导读书，为建设"书香社会"贡献力量。

关于读书，我们的前人有许多好的经验总结。读不读书，有三境界：书到用时方恨少；书山有路勤为径；腹有诗书气自华。怎样读书，有三境界：吞，即略读；啃，即精读；品，即享受阅读。读书的效果，有三境界：初能望文生义，死记硬背，可小成；进能变通运用，巧舌如簧，有一得；终能深入浅出，知行合一，方大就。清代大学问家王国维说得最好，他说的读书三境界是：昨夜西风凋碧树，独上高楼，望尽天涯路——说的是要博览；衣带渐宽终不悔，为伊消得人憔悴——说的是要思考，要读有所得；蓦然回首，那人却在灯火阑珊处——说的是要深入浅出，体悟规律，返璞归真，如儒家说的"在明明德，在新民，在止于至善"，如道家说的"地法天，天法道，道法自然"。我这里衷心祝愿集团的青年同志们，伴着书香多多阅读，借助好书快快成才，在修炼自己、报效国家、服务人民的事业中，铸就精彩的人生！

让"小人书"再创大辉煌★

姜维朴同志是"新中国 60 年百名优秀出版人物"、中国出版集团首批"编辑名家"之一，是出版界的标志性人物之一。姜维朴同志还是新中国连环画的领军人物，他为新中国的连环画事业的发展与繁荣作出了巨大贡献，我们为有这样的艺术开拓者、艺术大家、编辑大家而自豪！

连环画俗称"小人书"。"小人书"能发挥大作用，在过去特定的历史时期，"小人书"在宣传党的路线方针政策、普及传统文化、宣传科学知识方面，一度发挥过巨大的、不可替代的作用。"小人书"其实老少咸宜，尤其适合青少年阅读，是少儿出版板块的重要组成部分。

做大做强少儿出版是我们集团实施内容创新战略、加强内容建设的一项重要举措。2014 年 4 月，集团专门召开少儿出版座谈会，会上谭跃总裁提出，"要按照文化出版界先辈对我们的教导，

★ 2015 年 6 月 11 日，在姜维朴与新中国连环画座谈会上的讲话。

慎重其事地出好孩子的书，做大做强做响中国出版集团的少儿出版"。中国美术出版总社以连环画出版为突破口，走在了集团少儿出版的前列。比如，美术社联合北京市教委，开展连环画进校园系列活动，出版《北京小学生连环画》，配送全市1093所小学校；比如，与北京市报刊亭零售公司合作，出版《中国连环画经典故事系列》，累计销售十余万册；再比如，整理出版了一批针对高端市场的《经典连环画原稿原寸系列》等绘画艺术水准较高的连环画图书。这一系列举措，都获得了很好的社会效益和经济效益。

在姜维朴老先生的带动下，集团一直高度重视美术社的连环画出版工作，从政策、资源、资金等方面予以了大力支持。今后，集团仍将一如既往，持续支持推动美术社乃至中国连环画出版事业的健康快速发展。一是要继续依靠专家支持。二是要继续支持连环画资源的聚集，并在集团数字化战略发展构架下进一步推进连环画数字资源库、数字化图书馆的完善与成熟，实现连环画的全媒体出版、多渠道发布，实现复合性收益。三是要大力扶持、资助原创连环画，努力推动连环画出版产业链发展。内容创新是集团六大战略中的主体和根本战略，集团将加大力度，系统性扶持连环画原创出版，打造以期刊为龙头的原创连环画发展模式，先期刊连载，再出版图书、开发衍生品，形成连环画产品链、连环画产业链，最终赢得连环画的长期战略性发展。四是加大连环画的对外推广。系统组织中国故事、中国形象的连环画选题开发，在国际书展以及知名国际漫画节开辟中国连环画专门展区，通过更大规模的实物和版权贸易让连环画走出国门，走向世界。

最后，祝姜维朴同志身体健康！也希望中国连环画发扬优良传统，再创新的辉煌！

用笔墨祈愿世界和平★

2015 年 9 月 3 日，是我国抗日战争胜利 70 周年的纪念日，也是世界反法西斯战争胜利 70 周年的日子。北京隆重举行纪念大会，天安门广场举行盛大阅兵仪式，习近平同志发表重要讲话并检阅部队，这些行动在国内外产生了重大而深远的影响。

为了引导全集团干部职工牢记历史、不忘国耻，缅怀先烈、继往开来，集团直属机关党委、工会联合会、精神文明委、团委、青联联合会、书画摄影联合会等组织，联合在荣宝斋展览馆举办"中国出版集团纪念中国人民抗日战争胜利暨世界反法西斯战争胜利 70 周年书画作品展"，这是一件十分有意义的事情。在此之前的 8 月 11～14 日，集团已经在商务印书馆涵芬楼成功举办了"中国出版集团纪念中国人民抗日战争胜利暨世界反法西斯战争胜利 70 周年摄影作品展"。围绕一个主题连续举办摄影作品展、书画

★　2015 年 9 月 15 日，在中国出版集团纪念中国人民抗日战争胜利暨世界反法西斯战争胜利 70 周年书画作品展开幕式上的讲话。

作品展两个展览，在集团尚属首例，这充分说明我们对世界永久和平的热爱和向往，对维护世界和平的坚定态度和决心。

本次书画作品展的主题是：深入学习贯彻党的十八大精神和习近平总书记系列重要讲话特别是"9·3大阅兵"重要讲话精神，以纪念抗日战争胜利70周年为契机，开展爱国主义教育，歌颂改革开放取得的伟大成就，宣传集团成立13年来所取得的重大成果。截至7月15日，本次展览共收到书画作品近300幅，经过专家评委认真筛选，精选书法作品95幅，绘画作品68幅参加本次展览。这些作品围绕展览主题，有的书写抗战诗词、歌词、对联，歌颂党的领导，歌颂抗日精神；有的描绘抗日故事，描绘祖国大好山河，抒发人们对美好生活的向往。总之，从不同角度，充分表达了集团干部职工牢记历史、传承伟大抗战精神的信心和决心，也彰显了珍视和平、勇创未来的行动和努力。

这是我们集团成立以来第12次举办职工书法绘画摄影展览。这种展览活动作为集团企业文化建设的重要组成部分，已经成为展示干部职工精神风貌的平台，成为集团扩大影响力、增强凝聚力的重要品牌，是品牌集团建设的重要组成部分。相信本次展览一定能为推进集团"三六构想"，为促进集团改革发展、为多出好书和精品书、为提高干部职工的艺术水平再添一份彩，再尽一份力，营造良好的企业文化氛围。

为了加强与国内同行的合作，扩大集团的影响力，我们还特别邀请全国新闻出版界的部分书画爱好者参展，他们送来的高水平的书画作品为本次展览增添了一道亮丽光彩。在此，向他们表示由衷感谢！

预祝本次书画展取得圆满成功！

以传承革命历史与文化传统为己任★

感谢中共党史学会选择新华书店总店作为中共党史美术馆的馆址。党史是红色的革命史、建设史、改革开放史，新华书店的历史是红色的新闻出版史、文化传播史，党史美术馆落户于总店，红色的革命历史与红色的文化传统交相辉映于红色的艺术殿堂，相得益彰，正好体现了党史美术馆的宗旨。

新华书店总店是中国出版集团的重要成员单位，更是我党创办的具有悠久革命历史的文化企业，它为新中国的出版发行事业奠定了重要基础。1937 年 4 月 24 日，党中央在延安成立新华书店总店，作为中共中央出版委员会发行部的对外机构，中央机关刊物《解放》的发行机构，承担着党的书报刊出版发行任务。新中国成立之前，新华书店系统即出版图书 5291 种（册），发行图书报刊 4 亿余册。新华书店总店成立后，从无到有、从小到大，以宣传马列主义、毛泽东思想为己任，努力传播科学知识与进步

★ 2015 年 12 月 12 日，在中共党史美术馆筹建工作及选址座谈会上的致辞。

理论，为夺取抗日战争和解放战争的伟大胜利，为新中国的建立和建设发展，起到了文化传播与精神引领的重要作用。改革开放以来，新华书店总店为出版发行体制改革作出了有益的探索，领导和组织全国新华书店在企业管理、业务恢复、队伍培训、发行体制改革、制度建设、创办全国书市（即现在的全国图书博览会）、制定全行业发展规划等方面开展了一系列工作，使得全国新华书店的发行网点、事业规模、职工队伍得到蓬勃发展，总店自身的影响力也不断扩大。迄今为止，总店累计发行图书 260 亿元码洋。总店是记录和反映中国共产党革命历程的重要载体，总店的创业发展史是中国共产党的革命历史的重要组成部分。

中共党史美术馆选址在新华书店总店，体现了新华书店总店对革命历史与文化传统的积极传承。习近平总书记指出，要以各级党员领导干部为重点，把党史教育纳入干部教育培训的必修课，把全面了解和正确认识党的历史作为一项基本要求，教育引导党员干部特别是年轻干部认真学习党史，努力提高思想政治素质和现代化领导水平。中国共产党成立以来，一路风雨兼程，披荆斩棘。在九十多年的奋斗历程中，积累了不同时期的宝贵经验，这些经验是几代革命先辈的智慧结晶，是治党治国的精神财富。一部浩如长河的中共党史，不仅是党组织自身的发展史，也是党为国家独立、民族解放、人民幸福而不断探索、不断改革、不断发展的奋斗史。党史美术馆的建立，体现了党史在指导实践中的地位和作用，也体现了创新党史教育方式方法的现实需要。

　　2016 年将迎来中国共产党建党 95 周年，中共党史美术馆在总店这片蕴含着丰富革命历史资源的土地建设、落成后，必将成为重要的党史教育和爱国主义教育基地。在此，我谨代表中国出版集团、新华书店总店再次感谢中共党史学会的信任。我们将全力配合党史美术馆的建设，以传承革命历史和文化传统为己任，努力弘扬党的优良传统和民族精神、时代精神，让党史美术这个红色资源成为我们实现"两个一百年"奋斗目标的不竭精神动力。

他从共和国第一部《宪法》装帧走来★

　　枫泾镇是一块灵秀之地，诞生了一批海内闻名的艺术名家，张慈中先生就是其中最杰出的艺术家之一。张先生 1950 年就在新华书店总店管理处工作，后来在中国大百科全书出版社工作，是我所敬仰的前辈和同事。张先生主持了《中国大百科全书》等一批国家重大出版项目的装帧设计工作，还曾参与中国出版集团标识的设计工作，是我们集团非常敬重的老顾问和老专家，对集团许多单位的书籍装帧设计风格，产生了深远的影响。

　　张慈中先生是新中国最著名的装帧艺术家。《宪法》（第一部），《红旗》杂志,《列宁全集》《马克思恩格斯全集》《毛泽东选集》《资本论》等图书，都是由他装帧的经典之作。现在党中央和国家的文件以书册的形式发布的封面，仍在沿用他新中国成立初期设定的格局和风格；当年他为国徽设计的新印刷工艺，受到周恩来总理的当面亲口褒奖；《毛泽东选集》一、二集设计手稿，是由毛

★　2016 年 4 月 28 日，在张慈中装帧设计纪念馆开馆仪式上的讲话。

泽东主席亲自看过、提出修改意见并最后认可的。

张慈中装帧设计纪念馆，一方面是对张慈中先生几十年装帧设计工作的总结和展示；另一方面也对今后的装帧设计工作具有重要的启发意义。这种启发我觉得至少有以下几点。

一是对装帧设计艺术的热爱和追求。张先生天资过人，在许多领域都极富创见，但他对装帧设计艺术情有独钟，并投入了巨大的热情和精力，天赋加上勤奋，造就了无数的艺术精品。

二是对中国传统文化的传承。张先生的艺术风格以简洁为尚，沉静优雅，简约大方，有中国气派和中国风格，蕴含着中国传统文化的深厚底蕴，为广大读者所钟爱。

三是对创新的追求。张先生不因自己超人的天赋而固步自封，而是加倍地努力，从不放弃对新知的尝试和新技术的应用。20世纪50年代张先生提议，由济南造纸厂生产出了彩色书皮纸，得到了广泛的使用；1954年，为了《列宁全集》的装帧材料，张先生发明了"漏底漆布"这一装帧材料；《中国大百科全书》精装本环衬用的白色压纹纸，《中国印刷年鉴》创刊号使用的PVC装帧材料等，都是张慈中先生与有关部门共同研制开发出来的新产品。

当前，我国出版业正在发生深刻而剧烈的变化，但万变不离其宗。无论产业如何转型，装帧设计都是图书产品生产水准和艺术品位的重要评价标准之一。我们希望能有更多的热爱图书、热爱艺术的人来到这个装帧设计纪念馆，认真学习和体会张慈中先生的设计理念，不断把我国的装帧设计艺术推向新的高度！

弘扬传统　引领创新　繁荣艺术★

中国出版集团是我国出版行业的国家队，是集出版物的生产和销售、进出口贸易、艺术品经营等于一体的多元化的大型企业集团，是中国出版产业的旗舰企业。

荣宝斋作为集团旗下从事艺术品经营业务的企业，具有340多年的历史积淀，是我国现存最悠久的民族文化品牌。在不同的历史时期，荣宝斋以文会友，结交、推介、推出了一批又一批书画大家，与书画家结下了深厚的翰墨情缘，被誉为"书画家之家"；荣宝斋坚持高标准遴选和经营书画名作，也赢得了收藏家的信赖，被誉为书画家与收藏家之间的桥梁；荣宝斋长期形成的精湛的装裱、装帧和古旧破损字画修复技术，以及独特的木板水印技术，是为世人所称道的国家非物质文化遗产。

多年来，荣宝斋始终坚持"以文会友，荣名为宝"，不断繁荣美术事业，坚持弘扬传统、引领创新，不断发展文化产业。近

★　2016年6月8日，在"荣宝斋中国画双年展·2016展览"开幕式上的致辞。

年来，荣宝斋凭借独一无二的品牌优势和改革创新的精神，不仅在书画经营主业方面发展迅速，而且注重不断扩大产业链条，创新经营内容，增加产业规模，提高综合实力，在上下游相关领域不断拓展，取得了令人瞩目的成绩，声誉日隆。

此次荣宝斋与中国美术家协会携手主办"荣宝斋中国画双年展"，是荣宝斋新一届领导班子上任后举办的第一个全国性重大学术活动，体现了荣宝斋经营发展的新思路。通过举办这样的展览活动，全面展示当代中国画创作的最新成果，推出当代中国画精品及优秀中青年画家，具有权威性及导向性。这样的展览，融合艺术和市场两种属性，弘扬传统、引领创新，强调长期积淀、鼓励脱颖而出，势必将对今后中国画的创作、发展产生深远的影响和积极的推动，也体现了荣宝斋作为老字号国有文化企业的责任担当。

中国出版集团公司向来重视荣宝斋的改革发展，今后仍将继续对荣宝斋新时期的创新发展工作给予全面的支持。

衷心祝愿"荣宝斋中国画双年展·2016展览"圆满成功！

搭建教育平台　服务国际教育★

教育，关系到人类的未来；教育的国际化和数字化，关系到教育事业发展的未来。随着国际教育交流的快速发展，中国国内很多大专院校、中小学校的国际化课程越来越多。为了促进这种中外教育交流和文化交流，为了给国内广大师生传递具有国际水平的教学理念和优秀的教学资源，中国图书进出口（集团）总公司秉承"互联网＋教育"的经营理念，打造了具有国际化、信息化、数字化、现代化的中国教育平台。这是继"易阅通"国际数字资源聚合与服务平台之后，中图公司打造的又一个非常重要的服务于教育领域的数字化国际交易平台，平台的建设得到了众多国内外教育出版机构和用户的关注和认可。

在中国，国际教育已经成为非常热门的话题，众多的家长都希望自己的孩子能有更多机会，更早地接触到国外优秀的教学资源，体验国外先进的教学课程和教学方法。中图教育平台将满足

★　2016 年 8 月 26 日，在中图教育平台启动暨战略合作签约仪式上的致辞。

这样的学习需求，沟通中外教育资源和文化信息，搭建国际课程教学、教学资源交流的主渠道，为提升中国的教学质量和教育水平提供优质服务。

希望中图教育平台在不断完善服务功能的基础上，开拓创新，不断提升平台的技术水平，积极引进国外优秀的教学资源和成果，推动国内的国际教育课程健康发展；同时，也希望中图教育平台逐步地将中国的教育和文化推广到海外，将中国优秀的教育理念传播出去，"让世界了解中国"，让海外学子有更多的机会学习中国优秀的文化。

真实的鲁迅与其当代价值★

第 17 期大有读书茶座，我们选择鲁迅作为话题，是有以下几个缘由的。

首先，2016 年对鲁迅来说是个特殊的年份。10 月 22 日是红军长征胜利 80 周年，这是个伟大的日子，习近平总书记发表了重要讲话。比这个日子早 3 天，是鲁迅先生逝世 80 周年，这也是个重要的日子，因为鲁迅很重要，重要到要研究中国的文学史、文化史乃至整个近现代历史，都绕不开他。

其次，我们对鲁迅有个特别的情结。无论我们是否研究历史，鲁迅都是如影随形的精神存在，我们都离不开他。我们从小学开始就读过鲁迅的文章，比如《狂人日记》和《孔乙己》，《阿Q正传》和《风波》,《社戏》《故乡》和《祝福》,还有《药》《坟》和《伤逝》；不少人还都翻过他的书，比如《呐喊》《彷徨》《朝花夕拾》,《野草》《热风》《准风月谈》《三闲集》《二心集》《且

★　2016 年 11 月 22 日，在中央党校第 17 期大有读书茶座——读董炳月《鲁迅形影》上的主持词。

介亭杂文集》；我们都背过他的诗词，比如"横眉冷对千夫指，俯首甘为孺子牛""寄意寒星荃不察，我以我血荐轩辕""心事浩茫连广宇，于无声处听惊雷""血沃中原肥劲草，寒凝大地发春华""忍看朋辈成新鬼，怒向刀丛觅小诗""无情未必真豪杰，怜子如何不丈夫""渡尽劫波兄弟在，相逢一笑泯恩仇"；都借用过他的话语来装饰自己的文章，比如"时间就像海绵里的水，只要愿挤，总还是有的""我好像是一只牛，吃的是草，挤出的是奶、血""其实地上本没有路，走的人多了，便成了路""有缺点的战士终究是战士，宝贵的苍蝇也终究不过是苍蝇""我们自古以来，就有埋头苦干的人，有拼命硬干的人，有为民请命的人，有舍身求法的人""我们目下的当务之急是：一要生存，二要温饱，三要发展"等等等等。可以说，鲁迅，是能够代我们发声、为我们说话的那个人之一。

第三个缘由，鲁迅值得讨论、值得我们认真对待。鲁迅离我们很近又很远，我们对他既熟悉又陌生，社会上对他有褒也有贬。鲁迅的著作很多很多，2005年人民文学出版社出版的第五版《鲁迅全集》，18卷，700万字；国内外的鲁迅著作版本很多很多，发行量很大很大——恐怕仅次于《圣经》《新华字典》和当年的《毛主席语录》。有众多版本的《鲁迅全集》，1938年第一版《鲁迅全集》，20卷，鲁迅先生纪念委员会编辑，许广平、郑振铎、王任叔定方案，谢澹如、唐弢、柯灵编校。1958年第二版、人文版《鲁迅全集》，10卷。1973年第三版、人文版《鲁迅全集》，20卷，据第一版重排、略删。1981 年第四版、人文版《鲁迅全集》，16 卷。

研究鲁迅的人、研究鲁迅的著作也有很多。比如，乔峰《略讲关于鲁迅的事情》；周建人《鲁迅回忆录》《鲁迅故家的败落》；王士菁《鲁迅早期五篇论文注释》；唐弢《向鲁迅学习》《鲁迅的美学思想》，他还参加出版《鲁迅全集》编校，辑有《鲁迅全集补遗》《鲁迅全集补遗续编》；王瑶《鲁迅作品论集》；刘再复《鲁迅美学思想论稿》；钱理群《与鲁迅相遇》；汪晖《反抗绝望》；郜元宝《鲁迅六讲》；王乾坤《鲁迅的生命哲学》；孙郁《鲁迅与周作人》《鲁迅与胡适》《鲁迅藏画录》《鲁迅忧思录》；李长之《鲁迅批判》；林贤治《人间鲁迅》《鲁迅的最后十年》；陈丹青《笑谈大先生》；李静《大先生》……日本的有竹内好《鲁迅》；伊藤虎丸《鲁迅与日本人》；木山英雄《文艺复古与文学革命——木山英雄中国现代文学思想论集》；丸山升《鲁迅·革命·历史——丸山升现代中国文学论集》；丸尾常喜《“人”与“鬼”的纠葛——鲁迅小说论析》……美国的有李欧梵《铁屋中的呐喊》；林毓生《中国意识的危机》……

一般的人，参与和关注鲁迅讨论的也很不少。“今日头条”日前联合鲁迅文化基金会推出了《“据”说鲁迅——2016 鲁迅文学大数据解读报告》，显示从 2015 年 10 月 1 日到 2016 年 10 月 1 日的一年中，“今日头条”上与鲁迅相关的文章就有 6 万多篇，阅读量高达 4.4 亿，相当于全国 30% 的人都曾阅读过一次。这个报告显示，尽管已经过去了 80 年，鲁迅仍然活在人们的心中。

第四个缘由，鲁迅的精神是永存的。毛泽东主席在《新民主主义论》里说过："鲁迅是中国文化革命的主将，他不但是伟大的文学家，而且是伟大的思想家和伟大的革命家。鲁迅的骨头是最硬的，他没有丝毫的奴颜和媚骨，这是殖民地半殖民地人民最可宝贵的性格。鲁迅是在文化战线上，代表全民族的大多数，向着敌人冲锋陷阵的最正确、最勇敢、最坚决、最忠实、最热忱的空前的民族英雄。鲁迅的方向，就是中华民族新文化的方向。"

今天，人们对鲁迅的看法有了多样性。有人说，中国有七个鲁迅，分别是——迷茫的青年，激愤的斗士，孤傲的文人，冷酷的批评家，幽默的旁观者，改造汉语的翻译匠，自我流放的精神导师。

鲁迅的人格是丰富的。他的性格特征总是随着时代的变化而被重新理解，甚至被解构、重塑，再甚至被扭曲、窄化，以至于有人要把鲁迅的文章从中小学的课本里逐渐剔除出去。而我们，是绝不会同意的。

鲁迅的影响是不可磨灭的。正如董炳月老师在《鲁迅形影》这本书的《题辞》中所说的："鲁迅体弱多病，身材瘦小，却在人世间留下了巨大的影子，作为明与暗的符号"；"而且，许多生命在其巨影的笼罩之中，呐喊或彷徨，欣喜或悲哀，挣扎或惊悚，以证明其巨影的真实与充实。"

我们愿意继续从鲁迅的著作中汲取精神的力量。这样的精神，是我们坚持文化自信的重要组成部分，是我们在以习近平同志为核心的党中央领导下，走好新的长征路的重要动力。

向世界讲好中国故事★

乘八面来风，应四方企盼，今天我们非常高兴地在这里聚会，参加"向世界讲好中国故事"高峰论坛暨"中国故事公益基金"揭牌仪式。

讲好中国故事，是贯彻习近平总书记重要讲话精神的重要举措。习近平总书记多次强调，要加强国际传播能力，发挥好新兴媒体作用，增强对外话语的创造力、感召力、公信力，讲好中国故事，传播好中国声音，阐释好中国特色；要加大对中国人民、中华民族的优秀文化和光荣历史的正面宣传力度，提高国际话语权，展示国家软实力。

讲好中国故事，是我们中国出版集团应有的责任担当。"中国故事"项目的启动，符合中国出版集团"十三五"规划思路，有助于落实集团"国际化经营"和"品牌经营"的战略思路，有助于集团在全球范围内提升品牌形象，提高国际传播力和文化影

★　2017年2月28日，在"向世界讲好中国故事"高峰论坛暨"中国故事公益基金"揭牌仪式上的致辞。

响力。

中国出版集团一贯积极践行国家使命,不断推动中华文化"走出去"。我们将在党和政府的领导下,在有关单位的支持下,致力于收集制作记录中国故事的视频,发掘和开发有前景的内容与题材,选择和制作那些在改革发展的各个领域、工作生活的各个方面,或以小见大或以大喻小的、或感人肺腑或发人深思或催人奋进的优秀故事,并且确保可以将这些优秀动人的"中国故事"完整地传播到世界各地。

让我们共同携手,向世界讲好一个个鲜活的中国故事,讲好真切生动的当代中国,向全球传播中国文化,通过增加世界民众对中国的认知度和认可度,为"一带一路"构想服务,为提升中国国家文化软实力出力。

连环画，从记忆到新宠★

　　连环画又称小人书，是我国的一种独特的文化样式和出版形式。新中国成立后，在毛泽东、周恩来等老一辈革命家的亲自关心下，我国连环画创作和出版事业获得健康快速发展，1951 年年底创办的《连环画报》杂志至今还在出版。改革开放后，连环画事业经历了又一个发展高峰，1985 年专门成立了中国连环画出版社（现更名为连环画出版社）。可以说，连环画伴随着几代中国人度过了美好的童年。贺友直先生的《山乡巨变》、王叔晖先生的《西厢记》、王弘力先生的《十五贯》、高云先生的《罗伦赶考》等，这些曾经叩动大众心灵的连环画作品，勾勒出现代连环画的发展轨迹，多年过去后重温这些经典仍会回味无穷。

　　近年来，一些连环画画家也推出了许多新的佳作，像沈尧伊先生的《长征·1936》、赵华胜先生的《杨靖宇》、汪晓曙先生的《一个人的长征》等等。小人书也能反映大主题。中国出版集团所属

★　2017 年 3 月 17 日，在小学生连环画进校园活动座谈会上的讲话。

人民美术出版社和连环画出版社近年来陆续出版了《庆祝中国共产党成立 90 周年百种红色经典连环画》《纪念中国人民抗日战争胜利 70 周年百种优秀连环画》《红色的历程》《毛泽东画卷》《我的父亲胡耀邦》等优秀连环画，在主题出版领域探索出了一条新路子。特别是近三年来，人民美术出版社配合北京市委教工委、市教委，开展了"北京市培育和践行社会主义核心价值观连环画进校园"活动，开辟了培育社会主义核心价值观的新途径，取得了较好的成效。连环画，正从记忆中走来，成为主题出版、少儿出版的新宠。

"十三五"期间，中国出版集团的战略重点是"两调四强"，即"调速度、调结构、强导向、强质量、强动力、强党建"。按照这一战略重点，集团将优化三大出版类别：主题出版、少儿出版、教育出版。中国美术出版总社所属人民美术出版社、连环画出版社以连环画为突破口，践行主题出版与少儿出版相结合的要求，正在积极打造独具特色的响亮品牌。在今后的工作中，中国出版集团将一如既往地支持中国美术出版总社的连环画出版工作，推动我国连环画出版事业健康快速发展。希望连环画界的创作专家和出版单位以这次座谈会的召开为契机，继续弘扬优良传统，为首都精神文明建设贡献力量。

一是弘扬连环画的时代主题，努力推动连环画出版内容创新。在深入挖掘中国传统文化的内容资源基础上，要积极拓展反映当代中国伟大实践的内容资源，特别是要更好地把握时代主题，加大内容创新力度，大力策划品质优良、反响热烈、市场认可的优秀主题出版连环画。

二是打造连环画优质品牌，大力提升连环画的文化影响力。前些年在动漫卡通的影响下，连环画的发展出现了调整。但是我们坚信，连环画这一独特艺术形式，在广大人民群众特别是青少年中仍然拥有广阔市场。要进一步调整优化连环画出版的内容结构，创新连环画阅读推广力度，以优质连环画品牌提升连环画的文化影响力。

三是建立连环画数字化平台。强化互联网思维，加快连环画数字资源的聚集，推进连环画数字平台建设和专业数据库的建设，在连环画产品形态、编辑流程、管理方式、营销渠道等方面迎头赶上"互联网＋"的新潮流，积极培育体验性好、交互性强、跨界融合顺畅的新型连环画形态，为广大青少年提供富有时代气息的优秀连环画作品。

第三只眼

为读者做书　为阅读服务★

问：目前国内数字出版现状怎样？很多出版社很抗拒数字出版，您怎样看待这一现象？

答：坦率地说，我认为数字出版是个过于笼统的概念，实际内涵则很复杂。按照笼统的说法，数字出版 2009 年的产值就已经达到 795 亿元，首次超过传统出版。刚刚出版的《2009—2010中国出版业发展报告》（中国出版蓝皮书）披露，到 2009 年底数字出版总产值达到 799.4 亿元，同比增长 50%。无论是增长率还是产值总量，都让人震动。但仔细分析一下，这个数字中的多数来自手机铃声、手机和网络游戏、网络广告等，真正属于电子书、网络报刊、网络读物的数字化"出版"的总量只有几十亿元，还是很少。

至于传统出版社对数字出版的态度，我觉得用"抗拒"一词有些简单。这就牵涉数字出版的具体内涵。我们要弄清楚的是，

★　2010 年 8 月 9 日，接受新浪读书频道记者采访。

数字出版与传统出版真正关联的地方在哪里？传统出版抗拒的是什么，不抗拒的又是什么？传统出版的立足之本在于内容，在于版权。如果说这些内容的数字出版仅仅是以数字化方式进行传输、进行复制，可以说传统出版已经做到了。我想，对于传统出版社来说，数字出版首先要解决的是传统内容是否在"数字出版"的路径中增强了传播能力？是否增强了对读者的服务？是否赢得了更大的市场和利益？很遗憾，无论是目前的网络传播阅读，还是阅读器下载阅读，传统出版社所期望的这些效果都还没有达到：版权无法得到有效保护，目前市场上最叫好的阅读器年销量据说才 30 万台，一本书的数字传播的收益不超过纸书的 1/5……在这种情形下，传统出版社心生疑虑也就无可厚非。

所以，面对数字出版，传统出版社的态度出现了分化，主要有三种态度。第一种是等待时机，等上述的问题解决了再行动。第二种是积极尝试，看看效果好坏再来决定投入力度的大小。这两种态度有个共性：都是"借壳生蛋"，满足于作为内容提供商。第三种则是自主开发、积极行动，比如中国出版集团公司和广东出版集团公司，这是国内专门成立了数字出版公司的两家集团，采取的是与通信行业、软件开发商、硬件开发商结成联盟，自主开发的做法。

问：曾有新闻称，中国出版集团会研发自有的阅读器，目前国内电子阅读器前景如何？

答：中版集团的自有阅读器已经在 2010 年 4 月份的成都书

博会上公开面世，取名"大佳阅读器"，其中装载了集团的 108 种自有图书。

针对目前的国内电子阅读器，新闻出版总署已经决定制定一系列的规范政策，包括在内容、软件、管理、服务、检测、认证等多个方面设立标准。这些对于电子阅读器这个产业的发展无疑非常有利。目前国内电子阅读器基本上处于"乱战"形势（市场上有名的目前有汉王、翰林、易博士、方正、大唐等），少数产品引人关注，但"山寨"版的阅读器开始大量涌现。保持这一产业的健康发展，有五个问题需要考虑。一是内容的规范化的版权保护；二是电子阅读器本身的价格要进一步下降，能否降到 500 ～ 1000 元的价格，直接决定着销售规模；三是内容收益要进一步提高，否则对传统出版机构缺乏吸引力；四是各种阅读器软件之间能否做到兼容性，也就是标准问题，值得深入考虑；五是电子阅读器对不同类别图书的支持度不一样，比如对注释、图片的支持等问题，目前还没有成熟的解决方案。这些问题，都需要我们共同努力，予以解决。

问：中国出版集团要进军影视业，目前有什么计划和构想吗？

答：集团公司 2009 年投资了电视连续剧《解放南京》，在央视播出了，目前已经收回全部投资 5000 万元。集团公司进军影视业不是心血来潮，早就有所筹备。具体来说，第一是，2007 年集团成立了人民文学出版社长篇小说创作基地，准备在此基础上通过版权出让、剧本改编进军影视业，这个设想已经写入了"创作基地"的运作方案中。我们注意文学作品与影视作品的互动,所以才有周润发主演的《孔子》后来交中华书局出版,也才有《解放战争》的小说版归文学社出版。第二是,集团每年出版许多原创性的长篇小说和文艺作品,适合改编成影视的作品不在少数,这是我们投资影视的基础性资源。

至于下一步的影视投资举动,我们将坚持两个原则,一是始终保持积极介入的态度,二是始终保持有效收益的态度,既要抓住时机又要追求效益。

问:当今出版行业内,您觉得经典书和畅销书出版如何权衡?您觉得目前国内出版行业有何弊端,类型书、跟风书是否太多太滥?

答:出版业内也遵循"二八定律",就是以20%的畅销书和80%的常销书形成比较合适的出版结构,形成既活跃又持久的出版效应。所以,畅销书和常销书,对出版社来说缺一不可。

你说的"经典书",应当是比常销书更高层次的概念。常销不衰是经典书的前提,畅销一时的书也可能转为常销书、转为经典书。其实,出版人对于经典书、常销书和畅销书,只能是凭借学识、经验和对阅读群体、阅读趣味的把握来进行预判,能否真正畅销、常销或者成为经典,需要大众、市场和时间去检验。

目前国内出版的图书,给大家普遍的感觉好像是畅销书多了,经典书少了。比如到书店,一下子进入眼中的都是些概念很夸张的书,书名起得邪乎或者字号很大,有些则是类似时尚期刊那样登上大照片……其实，这些给人以"畅销"感觉的图书只能算作"疑似畅销书"，有些两个月就下架了，有些一个月就铺到了街边的旧书摊，它们并非真正的畅销书。

目前行业内有许多"畅销书榜"，也有不少的市场调查数据。根据这些榜单和数据反映的情况来看，我们这些年的畅销书不是很多了，而是很不够。大家想一想就会知道，这些年真正的畅销书有哪些？无非是"哈利·波特"系列、《于丹〈论语〉心得》《达·芬奇密码》《蓝海战略》《世界是平的》，以及郭敬明、韩寒、六六、天下霸唱、易中天等少数人的作品。

出版业大力开发畅销书和经典书，没有错。错的是我们有些出版人不够冷静，把粗制滥造的赶噱头、追风头的图书误认为畅销书，把缺乏原创性的大部头学术著作误认为经典书。

畅销和经典之间并不是泾渭分明。相反，许多图书往往从畅销走向了经典，比如《围城》《随想录》《傅雷家书》，比如鲁迅的作品，出版之初一鸣惊人，出版之后经久不衰。

问：2010 年，中国出版集团有什么大的出版计划，能向我们透露一下吗？

答：我们的出版计划中有几大标志产品：《二十四史》及《清史稿》点校本修订版；《辞源》修订版；《中国大百科全书》第三版，开始立项；《中国文库（第五辑）》；《世界历史文库》。

今年已经出版了《伏藏》等长篇小说，《毛泽东最后七年风雨路》《也同欢乐也同愁——忆父亲陈寅恪母亲唐篔》等纪实文学，

《全球华语词典》《中国碑刻全集》等工具书，《月读》系列等杂志书，等等。

　　下一步将重点做好纪念建党 90 周年和辛亥革命 100 周年的出版工作。我们将重点推出王树增的《1911》，与台湾联合修订出版的《中华民国史》，《中国文库（第五辑）》，以及《世界历史文库》《中华学术名著丛书(第一批)》《中国儿童立体百科全书》《中国书法全集》《曹禺全集》，等等。

我爱生活　我爱读书★

问：目前来看，各地的书展一年比一年搞的有特色，规模庞大。站在您的立场，您觉得这样的一种市场状况，对出版业的发展有多大的帮助？

答：这些年，书展确实越来越多。我觉得，书展多总体上是个好事。从国际上来看，全世界有500多个书展，不仅总体数量多，而且区域性、国际性特色比较突出。国际书展对于各国文化交流、版权贸易起到了很好的推动作用。

就中国来说，众所周知的有1月份的北京春季图书订货会、4～5月份的全国图书博览会、8～9月份的北京国际图书博览会这三大书展。三大书展之外，这些年各地举办的书展也越来越多。比如上海书展，创办了6年，影响力与日俱增，甚至可以说已经成为内地三大书展之外最有影响力的书展之一。

在目前的市场状况下，书展已经不仅仅作用于出版业，而且

★ 2010年8月9日，在上海书展前夕接受"上海热线"记者采访，文章标题取自本届书展的主题。

日益成为城市的文化名片，成为城市读者的文化节日以及文化交流发展的重要平台。由此来说，书展在构建和谐文化、营造文化氛围、拉动文化消费等方面，将起到重要的作用。而文化氛围、阅读兴趣、文化消费又是出版业的基础性因素。所以，书展对社会、对读者的影响力越大，对出版产业的促动也就越大。从根本上来说，书展的立身之本既在出版业，更在社会。

关键的问题是，书展，特别是区域性书展，要贴近本地文化特色，满足本地读者需要和区域文化诉求，在此前提下兼顾书展的共性。

问：书展对于每一位读者来说，除了享受文化的气息，更实际的意义就是一种文化消费。您觉得我们出版行业要做到哪些，才能更吸引这种消费力量？

答：拉动文化消费，是个综合性概念，也就需要综合性的力量，需要多方介入、共同合作，才能取得好的效果。应该说，出版行业所能做的，是要基于出版行业本身的规律和内涵。出版行业的内涵是什么呢？一是文化创造者即作者，出版行业集聚了最多的文化名家，这些文化名家终究要以出版物作为载体之一；二是文化风向标即文化产品或者说出版物，出版物是充分、完整表达文化思潮、文化思想的形式；三是文化活动，主要是文化人、出版物和读者之间的互动。这三者是出版行业的优势，出版行业要做的就是从这些优势着手。

美国纽约书展就很典型。每年书展所举办的出版物推介、名家和读者见面会或者签售活动，不低于 500 场，2008 年甚至超过 1000 场。这些活动拉近了名家和读者的距离，很好地刺激了文化消费。

当然，文化消费的类型多种多样，比如图书馆、高校对出版物的采购，这方面出版行业能做的比较有限，主要是提供优秀出版物而已；具有决定性力量的则是图书馆、高校本身，以及各级政府的投入。

问：这一年多来的经济回暖，对出版行业的影响大吗？

答：在金融危机开始的 2008 年，我们就专门做过研究，发现文化消费"逆市上扬"的情况在世界金融危机的历史上频频出现。这一年多来的经济回暖对出版业的"利好"表现在：一方面，一些出版材料价格的波动减小，导致出版物成本趋稳；另一方面，汇率波动减小，导致出版物的进出口收益提升，国际出版合作和版权贸易稳中有升。

其实，影响出版行业的因素，并不纯粹来自经济层面，更多的还是来自文化层面。当今出版产业面临的问题主要有两个：一个是纸书与网络书、电子书之间的分化；另一个是大众和小众的分化。网络书、电子书分化截流了大批读者，已经严重影响了纸书的生命力和大规模销售；与此同时，随着人们阅读水平的提高，阅读需求越来越细分化，出版行业选择出版什么样的作品，需要更有针对性、更加精准。

因此，"转变经济增长方式"不仅适用于其他行业，也完全适用出版行业。这是一个全民族各行业共同面临的课题。金融危机对出版业最直接的影响在于进出口领域；对出版业最响亮的警钟便是转变经济增长方式，加快转企改制，加快完成从传统出版到数字出版的升级，加快从粗放型的大众出版向精细化的小众出版转型。

问：电子信息化的时代，您觉得传统的刊物会被数字刊物完全取代吗？在这样的一个环境下，我们传统的刊物怎样才会更具竞争力？

答：传统刊物与数字刊物之间的关系，已经谈论了很多年，也已经有大量的实践。从实践效果和趋势来看，并不能一概而论。应该说，属于 SMT（科学、医学、技术）方面的刊物，数字刊物将是潮流。比如国际出版巨头爱思唯尔的众多的科技类刊物，基本上全部转化为数字刊物了；中国出版集团公司旗下的中国图书进出口公司，一直以来都在做国外影印刊物的引进，现在也转向大量引进数字刊物、引进专业数据库了。与此同时，人文社会科学类的，尤其是时政类、文学类的大众类刊物，其数字刊物和纸媒刊物要长期并存，比如中版集团的《三联生活周刊》也发布了网络电子版，但纸版的销售量仍在年年攀升，已经超过 30 万册。

所以，刊物选择数字化形态还是选择传统样式，我想应有三个态度：一要科学细分，不能一哄而上。二要抓住时机，及时跟进。比如美术类刊物，尤其是一些名画，对质量要求高，纸版欣赏起来仍有很大优势。对名画等美术作品的处理，目前市场上的各类阅读器在技术上还不能完全做好，有些能做到，但质量差；有些质量较好，但占用内存空间大；有些甚至软件技术都不过关。对这类刊物，要根据技术的进展，及时跟进。三要积极探索，各种呈现形态并行不悖。无论何种刊物，无论是否已经数字化，建立刊物的专属性网络空间，比如门户网站，应该是最起码的要求。在美国，大到网络公司，小到一家搬运公司，几乎都有自己的网站——美国人已经把网站做到了和传统邮政地址一样普及的程度。这已经是一个国家、一个产业在目前情况下必须要做的事情。

问：作为数字出版的内容之一，有声读物的发展似乎显得略弱于电子书、阅读器等其他的项目。想请问一下刘总，这方面我们中国出版集团有没有考虑过？

答：中国出版集团在有声读物方面的工作开展了很多，也分了几个层次。一是传统的音像产业。集团有 13 家音像出版社，每年的光盘出版量很大。二是听书。集团公司在 2008 年与华旗爱国者公司专门开发过"妙笔听书"系列出版物，推出了一系列的中英文两种语言、声音的中华经典出版物，还推出了描写奥运会的唯一一部长篇小说《八月狂想曲》。三是阅读器。集团公司的中版数字出版公司推出的大佳阅读器，其中就有出版物的语音版。四是其他有声读物。在集团公司的鼓励和支持下，各单位利用优势也推出了一些有声出版物，比如人民音乐出版社与美国的一家网络公司签约，授权美国公司在网络上传播销售音乐社出版的中国古典器乐的演奏曲目。

问：近两年"数字出版网络"这个名词在出版界比较热，甚至说网络可以搞定所有的出版程序，这个您怎么看？这对传统的出版行业的冲击是不是很大？

答：这要从两个层次来理解。第一个层次是纯粹流程性的，这个完全可以通过网络做到。事实上，新闻媒体早就这么做了，比如《人民日报》《光明日报》，记者写好的稿件直接通过网络上传到服务器，每一道修改把关都在网络上完成。在中国出版集团，实现网络流程化管理已经在进行之中，但因为这两年我们在不断兼并、重组新的出版单位，还没有来得及完全铺开。

第二个层次是缩短流程的一体化出版。第一个层次的好处是节省纸张，缺点是并没有缩短流程；第二个层次则做到了这一点。比如我们集团2010年4月份在成都书博会上发布的"中版闪印王"设备，前端连接网络化的编辑、设计、审稿、校对、确定清样等流程，后端连接印刷、装订等流程。只要清样确定了，一本书在7分钟之内就能制作完成。

至于对传统出版行业的冲击，也要分环节来看。对于编辑、校对、印刷、装订等加工生产型环节，冲击将会很大，因为缩短了流程、节省了纸张、代替了传统的印刷；对于图书创造环节，也就是作者这里，则不可代替。比如通过电脑录入写书已经非常普遍，但作者并没有减少，作者数量和图书品种反而越来越多。从这方面来说，技术代替不了创造性，设备代替不了作者。所以，出版业一直强调的内容建设，主要指的是吸引作者，作者是出版业最好的资源、最后的保障。

问：前段时间中国电信和中国出版集团签订了一系列的战略合作协议，签约这样一家中国通信行业的老大，对于扩大数字出版行业，您觉得在哪些方面更有利？

答：在数字化、信息化方面，通信行业无疑走到了前列，这也是通信行业的立足之本。通信行业发展到今天，一个重要的优势是拥有了最广大的用户。出版行业和通信行业结盟，是优势互补、谋取双赢。通信行业今天也面临着发展的瓶颈：如果说以满足信息传递为第一阶段的话，通信行业可以说已经达到了 90 分；但今天的用户对通信设备的要求已经不仅仅是通话、发短信了，需求更加多样。从 1998 年的美国"火箭书"到 2009 年亚马逊推出的 Kindle2.0，你可以说是阅读设备，也可以说是通信设备，还可以说是一台掌上电脑。融合通信、信息、阅读等功能为一体，已经成为通信行业的趋势。我们国家推行的"三网合一"，也是这个思路。所以说，通信行业与出版行业联盟，对通信行业来说是突破"瓶颈"的必然选择，因为出版行业恰恰拥有最庞大的内容，是通信行业克服设备"空心化"的重要支撑。

出版行业要完成产业升级，完成数字化转型，也需要通信行业的支持，通信行业也是我们目前最好的依靠。

问：2010 年 5 月 14 日，国家数字出版基地（虹口园区）授牌仪式暨中国出版集团公司上海数字出版大楼奠基典礼在中国出版蓝桥创意产业园隆重举行，对于上海的数字出版行业来说，这是一个新的起点。当初在选择的时候是怎么考虑的？

答：主要考虑有这么几点。一是中国出版集团公司正在进行战略布局，跨国、跨地域运作正在有序开展；二是中国出版集团公司把发展数字出版作为重要的战略方向；三是上海作为国际大都市，城市品牌、产业结构、技术优势以及地缘优势，都有很好的吸引力；四是集团公司旗下的中图进出口上海公司，在上海经营多年，一直受到上海市政府的高度重视，各方面的关系已经理顺；五是上海的数字出版卓有成效，积累了很好的经验与基础。

问：2010年上海书展主题是"我爱生活 我爱读书——与世博同行"。想请问一下刘总，这一年来，我们中国出版集团在世博这块所投入的大概占到了总体的多少？

答：中国出版集团这一年来在上海世博会方面的投入是巨大的。简单来说包括三个方面。一是翻译服务方面。中国出版集团公司旗下的中国对外翻译出版公司，从2008年奥运会尚未开始的时候就已经介入，投入2000万元竞标获得了世博会的笔译、口译等业务，可以说，包括世博会开幕式、各国政要出席到来等世博会每一场重大的翻译服务，都有我们中译公司的译员参与；目前，已经做了500多场翻译服务。二是出版方面。我们已经出版了100多种世博专题出版物。集团公司旗下的东方出版中心通过竞标获得了《中国2010年上海世博会官方图册》和《中国2010年上海世博会导览手册》的出版权，《中国2010年上海世

会官方图册》出版了 5 个语种 13 个版本，《中国 2010 年上海世
博会导览手册》出版了 4 个语种 10 个版本。你如果到世博会现场，
就会发现一些人不是在《世博会护照》上盖章，而是用我们出
版的《中国 2010 年上海世博会官方图册》去盖章，因为《中国
2010 年上海世博会官方图册》正好能够做到图、章对应。三是书
展方面。我们这次参加上海书展，目的之一是庆祝世博会。我们
给上海读者带来了 7477 种共 500 万码洋的图书，我们有 110 位
出版人从北京专程赶来参展，并且要举办 30 场名作家、名学者
参与的专题活动。上海书展期间，470 家出版单位共举办 400 场
活动，平均一家不过 1 场；中国出版集团就举办 30 场活动，活
动的频度是最高的。

问：目前来看，我们市场上的世博图书可以说是铺天盖地，
到底哪些是有真正的阅读价值的？作为一名出版人，刘总您有什
么独到的见解？

答：世博会也好，奥运会也好，凡是重大活动或者节目，相
关书都会多起来；但事情一过，还能让人记住的书并不多。您刚
才用了一个词，"阅读价值"，很好！事实上，中国出版集团针对
世博会的出版有个理念，叫做"质量第一，关注人们的精神生活"。
我们不追求品种数量，我们追求的是精品质量。世博会的主题是
"城市，让生活更美好"。有了美好的感受，才是真正的美好；活
在人们心中的城市，才是美好的城市。所以，你会发现中国出版
集团此次世博会的主题书，首先是详细介绍场馆情况、荟萃各个

场馆精华、带有精美图片的《中国 2010 年上海世博会官方图册》，是用人性化细节引导参观浏览的《中国 2010 年上海世博会导览手册》；然后是介绍中国人百年梦想的《清末民初万国博览会亲历记》，描绘上海这座城市沧海桑田的《上海：一座伟大城市的肖像（1842 ～ 2010）》。这些是我们已经出版的图书。我们同时还安排了一些"世博后"的图书，将会像奥运会的时候我们推出的"妙笔听书"《八月狂想曲》一样，用文学形式记录世博会对于人们精神生活的影响。我们希望，能用一部或几部精品力作，真实记录、反映世博会在一座城市、一个民族心灵中的美好记忆。我们相信，这样的作品是有长久生命力的。

问：2009 年，您当时认为最值得期待的一本书是《共和国档案》，那么 2010 年，您个人觉得最值得期待的一本书是什么呢？

答：中国出版集团图书门类众多，这些年的优秀畅销书不断出现，如人民文学出版社的《哈利·波特》系列，商务印书馆的《蓝海战略》，中华书局的《于丹〈论语〉心得》，生活·读书·新知三联书店的《目送》等等，所以挑选一本很难。

硬是要我挑选一本的话，我想向大家推荐《月读》丛书。这是套系列书，中华书局每月出版一本，每本定价 6.8 元，价格便宜。内容却非常好，定位在经典普及类文化读物，以摘录古今中外优秀篇章为主，涉及为政、修养、勤学、口才等多个方面，非常适宜领导干部在有限的时间里读到更多、更有价值的优秀经典。这也是响应中央领导倡导读书、建设学习型政党的重要举措。

其值得期待的好书还有：

一是人民文学出版社的《毛泽东最后七年风雨路》。该书由著名红墙女作家顾保孜潜心写就。这部具有厚重历史感的纪实作品客观描绘了毛泽东主席最后七年的风雨历程，真实再现了1970年到1976年中华人民共和国一系列重大历史事件和国事风云，生动讲述了林彪事件前后我国在内政外交上重大事件的起因、发展与结局，同时也曲折反映了毛泽东个人晚年的思想轨迹。书中载入近二百幅弥足珍贵的历史照片，全部由中南海摄影师杜修贤先生独家拍摄，使得毛泽东晚年的许多珍贵影像，首度曝光面世。

二是杨绛先生的《杂忆与杂写（增订本）》。这是杨绛先生怀人忆旧之作。一部分是怀念人的，"从极亲到极疏"；一部分是追忆事的，"从感我至深到漠不关心"。还有一些是从旧稿中拾取的。最初由花城出版社出版，1994年增补了一些文章，由我们集团的生活·读书·新知三联书店再版。此次重新出版，是以人民文学出版社2009年版《杨绛文集》中散文卷的《杂忆与杂写》为底本。书中那些款款道来的人和事，给人们带来的不仅是对美文的享受，也是对一个时代各色人物的一种生动的认识方式。

问：对于我们上海书展的现状和前景，想请刘总给我们提一些宝贵的意见。

答：提意见不敢当。首先我要说，在出版业三大书展之外，上海书展已经成为中国出版集团最重视的国内书展；在中国出版集团参加上海书展的6年中，本届参展的规模发展、投入增长堪称史无前例。

实在要提意见，这里给上海书展几句祝语吧：祝愿上海书展日益成为服务上海读者、服务华东人民的阅读节日，祝愿上海书展日益成为更加活跃、开放、有效的全国文化平台，祝愿上海书展日益成为国际文化交流与贸易的最好空间之一。

问：对于最享盛誉的法兰克福书展，以及我们中国知名的香港书展，在这里也想请刘总给我们说说您的看法？

答：法兰克福书展首先是世界出版人的交流和贸易平台，其次是德国人的文化名片。个人感觉，法兰克福书展最突出的特征在于版权贸易，做的是知识产业的附加值，属于出版产业链的最高端。香港书展首先是香港人的文化节日，其次是香港人的购书狂欢节，香港书展最突出的特征在于它与香港人民融为一体，满足了人们的购书、阅读的需求，同时也服务了参展商，属于既服务本地，又让各方共赢的有效平台。

境外本土化生产及其他"走出去"模式★

"走出去",过去我们比较多的是指产品。这几年,版权输出发展比较快,而且输出得比较多;过去,是版权引进比较多。产品和版权都有适应读者阅读需要的问题,比较好的办法,还是在境外本土化生产。境外的本土化生产需要在境外设立本土化的机构,投资比较大,管理的要求比较高,人员要求也比较高。从这个意义上说,无论是资金还是人才的储备,或是资源的调动能力,小的出版社做起来是比较困难的,而集团则有这方面的优势。有实力的集团,有可能出面在海外办一些机构,可能是独自办的,也有可能是合资合作。

我们集团本来在海外就有办事处,原来的功能是操办进出口产品,比如进出口图书、报刊等。过去,只设办事处,不设子公司的原因,主要是税收问题,国外的税收比较高。近年,我们对十几家海外办事处进行改造,成立公司,原来的功能不受影响,

★ 2010 年 8 月 24 日,就中国出版集团"走出去"专题,接受《中华读书报》记者陈香采访。

但增加了出版的功能。这些公司把我们认为适合外国读者阅读的书，先在国内翻译成外文、加工好，然后在国外出版。这样做，虽然效果没有完全由国外本土人员策划的好，但比较容易实现。这是境外本土化生产的第一种方式。

境外本土化生产的第二种方式，是跟现成的海外出版发行机构合资，创办新的出版实体。目前我们已经创立了 7 家，分布在悉尼、温哥华、巴黎、伦敦、纽约、法兰克福、首尔等地区。在 2010 年的北京国际图书博览会上，我们将宣布成立一家与日本东贩公司合办的新公司，叫做中国出版东贩有限公司，这也是我们的第八家海外出版机构。在很多人的印象中，东贩是物流、发行机构，实际上，东贩的股东组成是日本的各大出版社，也就是说，东贩本身与出版是一体的，是受出版社的委托来发货。中国出版东贩有限公司为境外股份制企业，中版集团和东贩各出一位董事长，总经理是日方人员，高管也主要是当地人，立足日本本土市场，进行本土化生产和销售。

第三种方式，也是最理想的境外本土化生产，是直接买进一个境外出版机构。我们也在物色中，但比较慎重。买一个小的海外出版社，没有多大的作用和影响；买一个大的，消化有难度。比如一个中等规模的出版社，品牌不错，但是当前效益一般的，如果在国内买一个这样的出版社，考虑到品牌价值，也是 10 亿元、8 亿元的概念。但是，如果在境外买，虽然绝对数字也基本是这个价格，但是按照美元算的话，就非常高了，而且效果未必非常好，要有一个投入产出的过程。

更重要的，海外并购不仅仅是资金的问题。国内企业，比如一些能源企业、制造业、IT 业，在海外的并购都是比较敏感的；作为文化单位，即便有机会、有经费，做好了调整经营的准备，因为文化的敏感性更大，难度也相当大。所以，我们目前还是着眼于前面的两种方式，改造现有机构。我们现在已有 27 家海外机构，加上这次成立的中国出版东贩有限公司，共有 28 家，其中 8 家是出版机构，在海外已经开始出版、盈利。

应该说，产品输出，版权输出，实体和资本"走出去"，这三种"走出去"的方式各有各的效果。美国的文化产品，比如电影，并不是在中国生产的，虽然就是卖一个产品给我们，但是影响照样很大。同样，《哈利·波特》系列，也只是卖给我们版权，也产生了很大影响。所以，不一定非要在境外投入很大资本、直接办实体，才能让文化产品"走出去"。但是，如果有条件，直接办实体，或者购买境外实体，等于在海外有一个生产基地，整体规模效益会好一些。

这里面还有一个矛盾的问题。如果我们在境外自办了一个或者购买了一个比较像样的出版机构，而且确实能做到本土化生产——根据当地需求策划选题并在当地印制、出版、销售，生产的图书得到当地读者的认可，这家机构也能盈利；但是同时，如果这样的图书并没有体现中国文化的特点，没有太多地体现我们的文化价值观，那么只能说，我们的资本虽然"走出去"了，但文化并没有"走出去"。我们仅仅是做了一个百分之百本土化的产品，仅仅是多了一家美国的或者英国的出版机构，而这并不是我们真正想要的效果。反之，如果只是想要我们的图书等文化产品在境外产生较大的影响，那么，是不是要境外自办或者购买出版机构，完全在境外策划、印制、出版就不重要，这样只能会增加成本和难度。我们要做的，是将我们的文化产品卖到境外（产品出口），或者将版权卖到境外（版权输出）就行了。

从国家战略来讲，像中国出版集团这样的出版"国家队"，要考虑我们的文化影响力、软实力、价值观是否能够辐射全球，产生世界影响；同时也要考虑国际化经营、跨国经营问题，因为国际一流的企业都是跨国经营、参与国际竞争的企业。我们既要让产品、文化"走出去"，也要让资本、实体"走出去"。最根本的，还是要有国际一流的产品、一流的作者、一流的创造力、一流的视野。"走出去"，归根到底，还是文化产品的原创能力问题。

在输出文化产品方面，我们的国际营销能力也还比较薄弱。最近，新闻出版总署领导在文化体制改革工作会议上提出，除了要打造几家一流的国家级出版传媒企业集团外，还要打造若干家国家级印刷复制集团，若干家国家级物流发行集团。这样的出发点，就不是局限于一省一地，而是全国一盘棋，立足于统筹全国资源，打造国际国内统一的大市场，实现国际化的大流通，这个思路很有现实针对性。

即便有好的原创作品，如果营销上不去，拖了后腿，好的产品还是产生不了大的影响；国内市场都卖得不好，在国际市场就更难卖出去。所以，出版产品的原创能力与国际营销能力都是"走出去"的关键要素。

《哈利·波特》，首先是在英国本土市场上销售得非常好，形成了读者群落，形成了文化现象，然后才在国际上发酵，产生影响，漫散扩张的。

我们集团的《于丹〈论语〉心得》，版权卖到了20个国家和地区，在法国销售了5万册，这个业绩也很不错。一开始版权运作了一两年，卖得也不好，后来我们集团的领导亲自出面，找到一个比较好的国际版权代理公司——托比·伊迪公司，通过他们的运作，才达到现在的效果。也就是说，同样一本书，有没有好的版权代理，在国际市场上的效果是完全不一样的，这就是国际运作、国际营销的问题。

你所提到的华为公司邀请海外经销商到国内，达成良好合作，这种业外的经验是可以借鉴的。我们的困扰是，我国单个出版企业的规模还不是很大，经济实力还比较弱，与国外的出版发行巨头合作起来，分量还不够；同时，与国外出版发行企业在中国境内合作，文化上还有一定的制约。

现在看来，阻碍中国出版"走出去"的关键原因有四个：一是对国外的市场需求了解得并不多，因为过去的深入交流并不多，不像IT领域，国内、国际已经完全打通了；二是对国外出版运

作和营销模式掌握不多，方法不够；三是适合国内外的原创的好
产品不足。真正的好产品，应该是国内、国际都能接受的，就像
中外的传世名著一样。四是翻译能力不足的问题。中国出版集团
旗下因为有个中译公司，翻译障碍相对较小。

现在国内"走出去"比较多的是实用性的图书，像中医、武术、
饮食类图书等。但是，能够"走出去"并能产生足够文化影响的，
可能还是文学类、文史类、思想类图书。阅读还是要给人以快乐，
给人以思想和智慧的启迪。比如，从好的文艺作品认识中国，从
中国故事中认识中国的各色人等；再比如，类似《中国读本》《中
国大趋势》这样的分析中国社会的作品，与民众密切相关，但又
不是专著，普遍受到欢迎。

除了文艺、文化类图书外，现在我们在国外卖得比较好的是
我们的工具书。但是，工具书的销售数量有限的，我们今后要着
力打开国外市场的，还是大众阅读类图书。

我们对于今后"走出去"的设想是，第一，产品"走出去"
这一块，要保持全国领先地位，这并不容易。第二，产品的版权
输出，仍然是重点。第三，我们正在探索的是资本和实体"走出
去"，目前分三种情况：一是改造原有海外机构，基本上已经完成；
二是合资创办海外出版机构和发行机构，这是重点；三是考虑并
购现有的比较成规模的出版社，目前还在摸索过程中。

中国出版集团："走出去"进入全面发展新阶段★

刚刚闭幕的第 17 届北京国际图书博览会上，中国出版集团在版权贸易、国际合作出版等方面释放出的活力，让集团的图书"走出去"由"借船出海"向"在海外落地发展"全面升级，迎来了集团海外市场的全面突破。

一、"走出去"是自身需要也是世界需要

"作为中国出版业的国家队，要打造一流国际出版集团就必须走出去，参与国际市场竞争，创造出自己的业绩。"中国出版集团公司副总裁刘伯根在接受记者采访时表示，集团作为国家队，无论从被赋予的政治使命上讲，还是从自身发展需求上看，都需要在中国文化"走出去"方面有所担当。

"集团的优势是出版资源丰富、出版门类众多，拥有大量品牌

★ BIBF 成果专访，载于《中国新闻出版报》2010 年 9 月 9 日，中国新闻出版报记者王坤宁撰文。

社、品牌书和海外机构。"刘伯根说。带着这样的使命和责任，中国出版集团全面布局，在海外网点建设、海外出版、版权贸易和海外书展等方面多层次、多方面地开展了全方位的国际合作。他们充分依托和发挥集团已有优势，制定海外发展战略。为大力提高海外机构的市场运作能力和盈利能力，把原有驻外业务代表处改制成为公司以增强其经营活力，同时建立控股海外出版机构开展出版国际营销。重点打造版权引进与输出、合作出版、文化产品进出口、资本合作等相互支撑的国际出版贸易产业链，逐步发展成为一个由单一版权引进与输出到全方位国际合作，由文化交流到资本合作的发展线路。

目前中国出版集团已建立 15 家海外合资出版机构和代表处，主要分布在英、美、法、德、日、澳等发达国家，加快了中国出版集团对世界其他国家出版中心的辐射，对其获取国际最前沿的出版资讯和出版资源，形成海外落地运营的国际化网络，打通中国图书海外出版发行产业链方面奠定了良好的基础。两年中，这些合资出版机构出版中国主题的外文图书 200 多种。同时中国出版集团还建立了 12 家海外合资、独资的实体书店。"中国出版集团还将进一步加大在海外投资的力度，特别是加大对品牌出版发行机构投资力度，大力实施本土化战略。"

二、让"中国故事"唱响全世界

出版业最核心的价值是内容，中国出版业"走出去"就是要让中国故事唱响全世界。为此，长期以来中国出版集团坚持不懈地为世界读者讲述中国故事。

本届国际博览会上，人民文学出版社作为《山楂树之恋》的版权代理，在卖出日文、法文版权之后，又再次卖出了英文版权，目前已有 13 个国家或地区买下了《山楂树之恋》在该国或地区的版权。"讲述现代中国最好的故事应该是那些充满人情味的故事，爱情是一个很好的题材。"刘伯根介绍，近两年来，集团充分意识到了国内、国际两个市场的需求差异，针对国际市场，在挖掘、整合、编辑现有出版资源的同时，立足长远，围绕出版主业精耕细作，与世界上一流出版社开展了广泛的版权贸易合作。集团有 10 多条图书产品线，其中外向型图书自成一条单独的产品线。每年年初的选题论证会，集团和出版社都要对外向型图书选题进行单独论证。

"挺拔主业、创新内容一直是中国出版集团的品牌优势。"刘伯根告诉记者，近几年，集团版权输出数量连年递增。每年都能有计划、成系列、成规模地输出一批具有文化影响和政治影响的优秀作品，输出国家和地域不断扩大。目前中华书局的《于丹〈论语〉心得》已签约 33 个版本，涉及 28 个语种，已经出版中文繁体、韩、日、英、德、意、西、荷、法、葡、希、挪威、芬兰、瑞典、冰岛、印尼、匈等 17 个语种 22 个版本，韩、日、英、法、德、意、西、葡、印度、希等版本累计销售 23.4 万册。2010 年 6 月，该书法文版已连续 25 周登上法国翻译类图书销售排行榜，法文精装版销售 5.4 万册。商务印书馆的《汉语图解词典》,已出版了英、法、俄、西班牙、德、意大利、阿拉伯语言等 7 个语种,2010 年年底还要陆续推出 36 个语种。还有中国西藏系列、重现中国历史系列、中华文明史话系列、中国旋律系列、中国元素儿童图画书系列、我爱收藏系列、荣宝斋珍藏系列以及《水乳大地》《藏獒》《古船》等等。

"需求是创造出来的。"刘伯根认为,只要瞄准国际上人们关注的共同话题,去创造一批中国人原创的、具有中国特色、富于时代气息,并能体现和代表中华文化的作品,就一定能够提高中国出版业的国际竞争力,推动中华文化走向世界。

三、积极探索数字出版"走出去"战略

随着数字技术、网络技术等高新技术的飞速发展,我国的传统出版产业正面临着极大的挑战。"谁先抓住了产业的新机遇,谁就掌握了新媒体时代下的内容市场。"刘伯根告诉记者,近年来,集团大力改造传统经营业态,积极拓展多媒体领域,在延伸产业链条、推进产业的改造和升级、抢占国际数字出版制高点等方面进行了积极的探索。

依托国家文化"走出去"战略,正在打造的多语种的"中国数字出版网",将从单一语种发展为多语种平台,从本土运作走向国际化战略。已启动的"中国图书对外推广计划"网络平台,

是中国第一个以向国外推广中国图书为主要目的的双语网站。设有 CBI（中国图书对外推广网）概况、新闻中心、作家档案、翻译名家、书目信息等 15 个栏目，具有信息发布、互动交流等 7 大功能。现在已有 28 家集团和出版社参与共建。

特别值得一提的是，引进美国 ODB 公司（On Demand Books）的专利技术生产的"快速印刷机（EBM）"（"中版闪印王"）将搭载中国出版集团数字资源数据库，随着按需印刷设备向海外客户的输出，实现中文图书在国际市场上的印刷和销售，将中国文化传播出去，从而开辟出一条中国文化"走出去"的新途径。

此外，积极开发的多语种《中国大百科全书》网络版的数据库检索和跨介质出版系统，为全球不同语种需求的客户，提供我国辞书出版资源的一次加工，多次利用。

刘伯根还告诉记者，集团在积极开发和打造自己的网络平台（中国数字出版网和中国图书对外推广网）之外，还将加强与海外的代理商合作，通过海外代理商的网络平台，把集团丰富和优质的数字出版资源传播出去。

放水养鱼，长远做大"走出去"★

　　作为中国出版业的"国家队"，中国出版集团近年来以传播国家主流文化为己任，充分利用旗下丰富的出版资源，借力国外市场，不断壮大具有国际影响的核心竞争力。中国出版集团公司副总裁刘伯根日前表示，为可持续性促进中国文化"走出去"，中国出版集团采取放水养鱼的方式，谋求主营业务长远盈利。

　　对中国出版集团来说，2011 年是"走出去"再上新高的一年。据刘伯根介绍，2011 年上半年，集团公司已输出版权 100 余项，其中包括旗下人民文学出版社的《山楂树之恋》、商务印书馆的《中国版权新问题》、中华书局的《姥姥语录》和现代出版社的《百度摆渡世界——搜王李彦宏》等诸多明星产品。此外，借势分布世界十多个国家和地区的海外机构，集团公司分别于 2011 年 5 月和 7 月在美国、中国香港及澳门举办了"纪念辛亥革命 100 周

★　2011 年 8 月 11 日，就中国出版集团参加法兰克福书展专题，接受《出版人》记者赵彤宇、冯威采访，冯威撰文。

年精品图书联展"主题海外系列书展。这是集团公司继 2007 年在海外举办"中国出版集团公司精品图书联展"以来又一次举办主题海外联展，而且充分利用在美国已建成的新华书店资源，开创出重大主题事件海外落地营销新模式。

2011 年的成绩是中国出版集团对外交流与合作路线图的最新成果。"为形成全方位、多层次、宽领域的文化'走出去'格局，我们明确版权输出规模和海外网点建设为两大主攻方向，着力提高中华文化海外传播的有效性和传播力。"刘伯根说。

刘伯根表示，在加大对外推介和版权输出时，集团以四类图书为主要着力点：一是品牌社的品牌书，二是明星带动下的系列产品，三是反映当代中国经济、政治发展变化的优秀作品，四是重点讲述中国故事的图书。据悉，2010 年，人民文学出版社出版的原创长篇小说《山楂树之恋》国际版权输出英国、法国、意大利、西班牙、荷兰、挪威、希腊、瑞典、加拿大、日本和中国台湾等 11 个国家和地区，涉及 10 个语种，是继中华书局的《于丹〈论语〉心得》之后又一本多语种版权输出图书。"以现代人接受的方式解释经典之作，以真善美等人类普遍情感为主题的力作，是我们选择输出的重要标准。"刘伯根说，"我们看重那些在中国本土自然而然生长出的成果，当然，它们也要适合国际市场的口味和形式。"

不过，中国出版集团显然做得更深一步。刘伯根表示，集团公司和旗下出版机构已探索出多元化"走出去"模式。其中，引人注目的是人民文学出版社 2010 年推出的"中外出版深度合作"项目。据悉，这一项目是旨在整合中外作家、插图画家、译者和顶级出版机构等优质资源的综合合作计划，即由人民文学出版社和外国顶级出版社牵头，邀请两国最优秀的作家在同一题材、同一体裁之下进行创作，最后两部作品将被装订成一本完整的图书，分别以两个国家的语言在各自国家出版发行，使同一题材、同一体裁的作品在同一本书中实现跨语种、跨国界、跨艺术形式的立体演绎。2010 年 8 月，人民文学出版社与希腊埃琳尼卡·格拉玛塔出版传媒集团签约；2011 年，两国孩子即将在一本书中同时看到两位儿童文学大家的精彩故事。

与国际一流发行机构合资建立海外机构是集团公司助力实体"走出去"重要举措。2010 年，集团公司在海外新建立中国出版东贩股份有限公司、欧若拉出版有限公司、新华书店布鲁克林分店、新华书店曼哈顿分店等 4 家合资出版公司和新华书店，本土化运营显出成效。其中，2010 年 8 月，在日本东京成立的中国出版东贩股份有限公司由集团公司、中国图书进出口总公司、日本东贩株式会社和日本纵横集团中国媒体株式会社共同投资，集团控股 51%。

据悉，迄今（2011 年 8 月）为止，集团共有海外出版发行网点 28 家，遍布美、英、法、德、日等国家。"集团公司还将选择与国际一流出版发行机构合作，在控股的前提下，进一步促进中国文化走出去。"据刘伯根透露，集团将在未来五年把海外机构拓展至 40 个。不过，刘伯根强调，由于中国文化"走出去"还处于起步阶段，因此，"不急于盈利，而是要'放水养鱼'"，而且"光盈利也不行，还是要关注内容、做好主营业务。"

BIBF 的多重功能正在放大显现★
——专访北京国际图书博览会组委会副主席、中国出版集团公司副总裁、中图公司总经理刘伯根

问：书展的功能和定位是出版人永远说不完的话题。2012 年北京国际图书博览会已经办到第 19 届，又是您主持中国图书进出口（集团）总公司工作第一年，想必您对图博会的功能定位有更多的思考。

答：这个问题提得好，这也正是我主持中图工作以来思考最多的问题之一。我就遇到过人们向我提问，说 BIBF 版权交易的功能是不是弱化了？这个问题很严峻，这标志着我们的展会怎么继续往下走。

我认为图博会有很多种模式，BIBF 一个重要的功能就是版权贸易，这没错。但是回顾 20 多年来走过的道路，它的功能不

★　《中国图书商报》BIBF 独家专访，载于 2012 年 8 月 24 日《中国图书商报》，中国图书商报记者方菲撰文。

应该仅限于版权贸易，跟国内其他书展相比，它的功能应该更为综合。

第一个功能是促进行业交流。中国管理体制的特点，决定我们很多专业出版人士没有条件到国外参加同类国际书展。欧美人不同，那些公司的老板每年都有很多时间在全国各地、世界各地跑，他们面对面交流很容易，但我们做不到。而出版是最需要有世界眼光的事业，否则，闭着眼睛摸象，你要走很多弯路。比如2012年 BIBF 的 2000 多家参展机构，国内人士占大多数，这些人能亲自"走出去"的总是少数。博览会就能够提供一个让这些人与国际出版人直接接触交流的平台。可以说，中外出版人之间所有的合作，版权交易、产品贸易、机构与资本的合作，前提都需要交流。否则，发一个邮件，打一个电话，也可以合作签约，但很可能就靠不住。世界上任何行业的交流合作，都是建立在直接交流基础上，广交会、上海世博会都是这样。这些年 BIBF 对促进中外交流合作，发展壮大中国出版业起了积极的推动作用，成为打开中国出版人通向世界的窗口。

第二个功能是促进版权贸易。十多年前我国版权贸易输出引进比是 1:12，现在是 1:1.9。我觉得版权贸易总量以及产品输出结构的改变，大部分功劳都归于这个图博会。现在我们越来越重视国外书展，特别是法兰克福书展。很多版贸项目签约好像是在那里完成的，但前边大量的沟通都是在我们这里进行的。离开这里的基础性工作，法兰克福短短几天很难达成那么多项目合作协议。再从展品看。开始我们只带着中文书出去，搞一个书签，搞一个腰封，写上英文，慢慢地才把一些重点书做成英文，数量总是很少，更多的还是中文书。但是中文书在国外交流肯定有障碍，影响贸易效果。BIBF 就不同了。国外出版商到中国来有这个思想准备，从专业人员的安排、翻译人员的聘请，找中文书具有明确的针对性。所以同样是中文书，在 BIBF 和法兰克福成交就有明显的不同。在这里，中国人与外国人接触的频次、时间，达成的目标，都比在国外参加书展多。我 1996 年第一次参加法兰克福书展时，中国图书就一个展台，几家出版社；第二阶段扩展成一个专柜，十几家单位参展，时间维持了七八年；现在规模大了，也不过几十家参展单位。而同一时期，参加 BIBF 的，历来都是几百家出版单位。可以说，是 BIBF 把中国图书推向世界。

第三个功能是促进产品交易。我这里重点是说中图公司的工作。中图公司 2012 年有 5000 平方米的展位专做进出口贸易，其中 3000 平方米的图采区。2012 年是开设图采区的第二年，这在业内，特别是在各类图书馆和科研机构中已经产生很大影响。2012 年图采区有原版外文图书、原版教材，以及我国港澳台图书近 3 万余种供大陆书商选购。另外，我们从 2008 年北京奥运会那年开始，对国外参展商所带的图书产品，会后一律留购，几年下来，这也是一个不小的数字。这些原版外文书慢慢地也都消化在国内市场上了。这也只有在国内的展会上才能做得到，而我们在英国书展的中国主宾国活动搞的展销，只在展区外找了一个很小的地方，影响、交易都很有限。

第四个功能是促进出版产品质量。读者、作者、出版工作者每年参加国内书展大大小小十几个。但是参加这个书展与参加其他国内书展的感受是不一样的。通过对国外产品的接触，对国外企业形象展示的了解，慢慢就有了世界眼光。比如一个作者，一个读者，看了外国的书是怎么写的、怎么做的，对图书装帧水平鉴赏、对作品内容取舍需求，胃口吊上来了，形成拉力，倒逼着出版单位不断提高自己的创意水平，产生推力，最终促进行业整体发展。

第五个功能是促进办展水平。对于办会者、参会者而言，在国内外出版行业交流中，在一次次沟通、洽谈、签约中，慢慢取人之长，与时俱进。回想我们原来办展时，以为书越多越好，把书架摆得满满当当，好像书店卖书似的，等待人家挑选。事实上，这是做版权交易的场所、洽谈合作的场所，只拿有用的东西过来，最终达成交易，而并非展品量越大越好。相反，摆出的品种精了，选择的范围严了，参展的水平高了，效果才会更好。另外有些书，在国内销得很好，甚至是精品，开始是以己推人，以为别人必然喜欢；慢慢才知道别人另有眼光，必须投其所好。参展的人员也是，过去强调领导参与，人越多越好，现在明白，最需要的是专业对口——专业布展，专业沟通，专业洽谈，以一当十。成本低了，效率高了。

第六个功能是促进文化交流。开始我们就出版说出版，看到人家的展会搞什么演出呀、展示呀，认为跟出版没关系，有用吗？书展是企业行为，这是在办展实践中慢慢认识到的，大家都在以书展之名行文化交流之实，文艺演出、书画展示、手工制作，单一进行时，都不过是单向行为；而一旦放在国际图书博览会这个大平台上，它就变成了双向交流。你在这里可以演出，可以发布，可以颁奖，可以签售，可以有酒会、论坛、讲座，既有理论探讨，又有思想交流，承载了一个国家的文化和价值观念，宣传的是国家的形象，这个使命只有国际图书博览会才能完成。

第七个功能是促进企业与政府的沟通。既有中国企业和中国政府的沟通，也包括中国企业和国外企业、国外政府的沟通。筹备和举办 BIBF 期间，这个感受非常深刻。比如 2011 年参展的国家是 60 个，2012 年一开始定的是 63 个；而从召开今年的第一次发布会到现在，已经变成了 75 个。这个数字是怎么来的呢？首先我们考虑到，改革开放几十年来，出版业有了长足发展。我们有必要以大国形象，进一步扩大国际交流，让更多的国家参与进来，提高我们在国际市场上的话语权。但书展是企业行为，不能由政府去动员，而中图公司可以承担这个责任。于是我们在尚未参与书展国家的大使馆做宣传工作。发现确实有很多国家认可我们的 BIBF，只是因为经济原因、时间原因，不能组织国内庞大的代表团前来参会。于是，这些大使馆的文化处积极配合我们的工作，迅速从国内组织一批高水平出版物，有的国家也动员了部分出版机构参与，临时扩大了展台、展柜。这样，一个多月的时间内，参展国家又增加了 12 个。这就使中国的出版企业和国外出版企业，甚至是国外政府建立了沟通互动机制，对推动外国参与中外文化交流起到了促进作用。

问：2012 年国展展出面积与 2011 年持平。这从出版业发展角度看，是出版业规模和版权交易规模相对平稳的原因，还是受客观原因影响出现的暂时状态，因而今后在规模上还有进一步扩大的空间？

答：2012 年国展展出面积是与 2011 年持平，但并不表明展会规模也持平。我认为，面积是衡量规模的要素之一，是最重要的因素之一，但在展会质量面前，它是第二位的。我说 2012 年的规模在扩大，包括参展国家达到 75 个，数量算得上"突飞猛进"。此外还增加了新的内容，如主宾城市北京，会带来富有特色的区域文化；还办了一个"十年'走出去'"成就展。文化活动也比过去多了，仅上规模的活动就达 200 多场，再加上各个社自己搞的活动，初步估计有 1000 多场；从目前摸底情况看，预期版权交易也会比 2011 年有提高。我认为，一个成熟的书展，到一定时候，面积已不再是单纯追求的目标，比如法兰克福书展，欧洲参展商多年来一直就在 8 号馆，面积没有变，但他们的成果在不断扩大。所以说办书展更在于参展商的水平、产品的质量、达成的效果。一个爱思唯尔集团和一个小的出版社，统计上都占一个数，但程度上相差甚远。今后在参展商的选择、国内参展产品的选择、参展人员的专业化程度、达成交易的成果这些方面，都有很大的提升空间。

问：自从实行主宾国制，2012 年韩国主宾国是第二个亚洲国家。您能从中国曾经做过首尔国际书展主宾国角度谈谈 2012 年韩国主宾国的亮点、特点吗？今后还有下一个亚洲主宾国的计划吗？

答：就我个人而言，我认为我们的书展应该把亚洲国家作为主宾国的首选。因为国际书展要办出特色，就应该有分工。欧美书展首先是选择他们的国家做主宾国，后来看见中国崛起了，才选择我们做主宾国，这是第二阶段了。我们是亚洲的第一大书展，我们要体现亚洲特色，所以首选亚洲国家做主宾国有道理。但最终，选择主宾国有多种因素，包括国家的重要性、国家的承受能力、国家自身的意愿，等等。2012 年选择韩国，一是，我们 2008 年在韩国做主宾国，互为主宾国是一种良好的文化互动。二是，2012 年是中韩建交 20 年，需要在政治、文化、经济各领域有一个回顾总结，书展就是文化领域最有代表性的展示平台。三是，韩国政府很重视，专门成立了代表机构跟我们洽谈。韩国的参展规模从以往 1000 多平方米达到今年（2012 年）2000 多平方米，是历来的主宾国中面积最大的。四是，韩国文化很有特点，素雅、安静、书卷气浓，不像有的国家很"闹"、很"跳"，像个大集市。这也与韩国的民族文化取向有关，单一，纯净，亲切。这对我们的读者和出版工作者很有启迪意义。

问：近年来，数字出版一直是各种出版业展会的主题，您怎样评价 2012 年数字出版主题（包括论坛和会展）的新鲜之处？

答：数字出版我们探讨了多年，实践了多年。从 2006 年开始统计的 200 多亿元产值，到现在已经达到 1300 多亿元，但这个产值中，跟传统出版密切相关的数额微乎其微。动漫等相关产业的发展对传统出版的数字化形成了压力。但国外出版业的数字化，特别是科技、医学、金融、法律等专业出版的数字化程度已经很高，已经成了普遍的增长方式，形成了盈利模式，有了集成商。我脑子里有几个名字：爱思唯尔、威立、牛津大学、美国曲顿、英国道森，都是数字出版的集成商——把中小出版社数字产品集中起来进行交易，形成规模和数量优势。到目前为止，跟中图公司合作的集成商就有 11 个。如英国的 PT 公司，本是一个不大的出版科技企业。2011 年它还跟我们谈科技，2012 年就开始谈数字产品，业务转到数字出版产品交易上来了，如今有了 3 万多家图书馆和科研机构的渠道，成为欧洲有一流影响的数字出版集成商。就是说，当我们还在喋喋不休地探讨盈利模式时，欧美国家已经带着产品和经验来和我们面对面。年年都在谈数字出版，但是 2012 年，数字出版主题更多地变成了实际的观摩和经验交流，不再是单一的理论探讨了。

打造知名展会　构筑交流平台★

　　"现在北京国际图书博览会（以下简称"图博会"）的多重功能越来越明显，专业化程度越来越高。" 8 月 24 日，第 19 届图博会开幕前夕，北京国际图书博览会组委会副主席、中国出版集团公司副总裁、中图公司总经理刘伯根就本届图博会的整体情况和特点接受了《中国新闻出版报》记者的专访。

一、传统展会功能不可取代

　　《中国新闻出版报》：北京国际图书博览会至今已成功举办 18 届，中图公司一直是图博会的承办方，请您谈谈对这届图博会的思考。

　　刘伯根：曾经有人说，图博会的版权交易功能在逐步萎缩，喧嚣的东西越来越多。我想说的是，人是一种社会性动物，会展

★　《中国新闻出版报》BIBF 访谈，载于 2012 年 8 月 29 日《中国新闻出版报》《中国新闻出版网》，记者王坤宁、李婧璇撰文。

这一传统平台能够延续至今自然有一定的道理。图博会从中图举办升级为八部委主办、中图承办，其功能也从产品交易逐渐发展成为以版权贸易为主的国际性展会。近些年，在版权贸易的基础上，图博会的其他功能逐渐凸显，但版权贸易这个核心功能在不断加强，展会仍是中国出版业达成版权贸易的主要平台，大量的版权贸易成果在此达成。我认为，图博会的功能没有萎缩，而是拓展、拓宽了。

随着互联网的发展，人们虽然可以通过邮件、视频电话等方式来进行版权的洽谈和交易，但是图博会提供的面对面的交流、思想的碰撞，以及通过活动群体的交流、活动的探讨交流等功能还是不可替代的。因为"面对面"的人际交流不仅意味着一种"信任凭证"，更代表着一种"交情"，展会的重要性不言而喻。可以说，图博会在专业交流、达成合作，促进产业发展，促进产业交流、互动和合作，以及促进大文化交流、引领行业风尚等方面都发挥了积极作用。

作为综合性的文化盛会和世界四大书展之一的图博会，体现为国际化、产业转型、开放的国际性舞台，这与我们国家坚持改革开放总的政策是吻合的。在亚洲同类展会中，图博会的规模是最大的。作为一个平台，以书展的名义连续不断地、周期性地举办，有演出，有作者和作家，有民间力量也有政府机构，有专业人士也有业余人士。图博会实际上是一个糅合了多种要素的综合性平台，是产业的风向标。因此，从规模、影响、层次的丰富程度来看，图博会是中国最大的、持续的一张文化名片。

二、五大特点引人注目

《中国新闻出版报》：作为海内外出版业的亮丽品牌，本届展会的规模和内容是否将实现新的突破？有什么特点？

刘伯根：图博会正越来越受到海内外出版同业的重视，越来越多的发展中国家将其作为交流的窗口。他们认为，图博会不仅仅是书展，也是国家形象的一个展示。相比往年，2012 年参展的国家增加了，类型丰富了，活动也比过去多很多，层次也在提高。很多国际出版巨头，如培生、圣智、阿歇特、爱思唯尔、威科、哈珀·柯林斯等都来参展，他们的主要负责人也将在书展上进行交流。概括起来，本届图博会有 5 大特点：

一是规模扩大、参与度高，总共有 2000 家参展单位。参展的国家和地区达 75 个，比上年增加 15 个，增长 25%。其中，海外展商参展势头喜人，主要表现在：瑞典和土耳其首次设立国家展台（各 54 平方米），使图博会的国家展台达 19 家；阿根廷、墨西哥、古巴、危地马拉等南美洲国家参展积极踊跃，形势好于往年。鉴于图博会的品牌影响力不断扩大，越来越多的海外参展商把图博会作为文化展示和交流的重要平台，除传统图书展示外，德国歌德学院的中德翻译作品展、香港创意展和莫斯科市文化旅游宣传展等都将亮相本次书展。同时，各省新闻出版局、出版集团、民营公司等均展现出更国际化、更成熟也更自信的参展态势；开放式的展台设计、国际化的参展准备、专业化的展期活动策划，都体现了中国出版人不断提升的国际化程度与水平。

二是布局设计便于沟通交流。展会设立了国内出版物展区、海外出版物展区、数字出版展区，海外期刊、音像制品展区，以及海外图书馆配区、主宾国展区、主宾城市展区。这些功能区的划分有利于沟通和交流。

三是展品丰富，预期交易活跃。2012 年参展图书总计 20 万种；2011 年达成版权贸易 2900 多种（包括引进和输出），2012 年预计突破 3000 种，甚至可达 3200 种。图书馆现场采购准备了 4.1 万册书刊。

四是活动众多，交流频繁。据初步统计，各种形式的文化交流活动和展览有 1000 多场。2012 年，图博会继续创新理念，以展带会、以会促展，将通过对系列品牌活动深耕细作，持续扩大展会的影响力。

五是文化平台，名人荟萃。随着图博会国际影响力的扩大，越来越多的国际、国内知名作家活跃于图博会的舞台。瑞典知名儿童读物作家马丁·维德马克，荷兰童书作者与插画家瓦沃特儿·凡·雷克，波兰著名作家亚努什·莱昂·维希涅夫斯基，芬兰愤怒的小鸟的设计公司，以及来自韩国、挪威、比利时、泰国等参展国的作家、诗人，都将参展并举办出版交流活动。2012 年的中国作家馆将继续邀请周大新、杨红樱、尹建莉等作家在现场举办活动，并在 8 月 29 日晚举办"中原作家之夜"。8 月 31 日晚举办的"2012 BIBF 文学之夜"，将邀请黄东奎、黄皙暎、舒婷、刘震云等 4 位中韩当代作家，与中国读者分享对写作和人生的独特体验。

三、四大亮点值得期待

《中国新闻出版报》：2012 年图博会首设主宾城市，并有不少亮点值得期待，请您谈谈相关情况。

刘伯根：本届展会首次设立了"主宾城市展区"，意在以图书带动文化展示，通过图博会这一国际平台，向国际社会积极宣传、推广中国丰富多彩的地域文化，提升中华文化的国际影响力。中国幅员辽阔，增设一个主宾城市，对于了解和细致地观察某一个区域（如北京）的文化很有意义。这次北京作为主宾城市，利用 1000 平方米的展台面积，集中展现北京文化体制改革的成果、创意产业的发展以及"走出去"的成就，让世界更全面地了解京韵文化与首都文明，这应该是一大亮点。同时，数字出版、韩国主宾国、系列主题展览都是本届图博会的关注点和亮点。

西 1 馆的上万平方米数字出版展区，集合了中国出版集团、中国教育出版集团、中国电信天翼阅读、中国移动、同方知网，以及来自英、美、印等国不同类型的数字出版展商。展会期间还将穿插进行以数字出版为话题的各种研讨会和讲座，如以电子书定价、版权转让等为话题的中欧数字出版圆桌会议、西欧数字出版趋势研讨会等。

2012 年恰逢中韩建交 20 周年，韩国以主宾国身份参加本届图博会，参展面积 2068 平方米，为历届主宾国展览面积之最。展会期间，韩国将组织 68 家出版社、13 位作家前来参展，举办专业出版交流、作家交流和关于韩国文字、世界遗产、电子书、韩国动漫的专题展览展示，并在图博会开幕前一天晚上，呈现一场具有韩国特色的文艺演出。

本届图博会现场将举办 5 场主题展览：中国新闻出版业"走出去"10 年成果展，《道德经》版本展，书籍装帧艺术展，香港创意展，以及莫斯科城市文化旅游展。其中，中国新闻出版业"走出去"10 年成果展，以"走向世界的中国新闻出版业"为主题，全面展现十六大以来中国新闻出版业体制改革及"走出去"成果。《道德经》版本展以"老子与世界"为主题，展示以中文古籍和现代出版物及外文译作为主的《道德经》版本数百件，展现老子思想对世界的影响。香港创意展以"腾飞创意"为主题，通过展览展示具代表性的图书、印刷品及电子书共 800 多项，向国际参展商展示并推广香港的创意产业。

四、服务更加人性化

《中国新闻出版报》：从老国展迁至新国展，展会规模在扩大，服务品质更需提升。请您谈谈本届图博会的服务与以往相比有什么特点？

刘伯根：本届图博会的服务更加专业，所有的中外展位都有专人负责。我们组织了 500 多人参与的服务团队，分成 19 个工作组，如办公室、新闻中心、安保、后勤、重大活动论坛工作组等等，定岗定位。这 19 个组，每组都有组长，下面又设很多小组，现场有微博互动。同时，还有 150 名志愿者在现场提供服务。无论是专业参展商还是一般观众，都可以免费参与图博会期间举办的各种论坛和活动（领导专场除外）。

本届图博会参展更便利。为方便出入，本届图博会现场 3 个入口全开，还增设了导引标识。展会饮食供货商从 2011 年的 8 个增加为 16 个，密度增加。同时，我们还为参展商准备了 4 条路线、7 个班次的班车。普通观众参展，则可以在展会现场或网上下载电子表格并填好后获取免费门票。

朝着更加务实创新方向发展★
——专访图博会组委会副主席刘伯根

"作为国际四大书展之一，现在北京国际图书博览会的参展规模已是世界第二，版权贸易成果世界第三，成为中国文化'走出去'的重要平台，在中国与国际出版交流合作中发挥着越来越重要的作用，未来将朝着更加务实创新的方向发展。"在第20届北京国际图书博览会开幕之际，图博会组委会副主席、中国出版集团公司副总裁、中国图书进出口（集团）总公司总经理刘伯根在接受《中国新闻出版报》专访时表示。

一、27 年伴出版业步伐而蜕变

在刘伯根看来，本届图博会在内容、形式、展会服务方面更加契合中国当今发展的需求。他说，27 年来，图博会的变化始终

★　《中国新闻出版报》BIBF 专访，载于 2013 年 8 月 28 日《中国新闻出版报》，记者王坤宁撰文。

伴随我国经济领域改革开放和出版业发展壮大的步伐前进，每年的版权贸易量都以 10% 的速度增长。"特别是近年来，我国大力推动文化大发展大繁荣，在世界上的经济优势和文化软实力愈加凸显，相比其他三大展会，无论是规模，还是贸易量，图博会的增幅都是最大的。"

"20 多年来，图博会在政府、社会、企业的推动下，一步步实现着蜕变。"刘伯根介绍说，27 年前，第一届图博会仅由中图公司一家举办。10 年后的 1996 年，参展商从最初的几百家发展到上千家。"展会规模像滚雪球一样，越滚越大。图博会的使命也由简单的产品交易逐渐转向版权交易。主办单位由中图公司一家逐步增加为国务院新闻办、新闻出版总署（新闻出版广电总局）、教育部、文化部、科技部、北京市政府、中国版协、中国作协等多个部委和单位联合主办，变成整个出版业的行业行为，乃至变成国家行为。通过图博会这个平台所展现的已不仅仅是出版业的情况，而是整个国家的形象。"他说。

二、国家间的文化交流名片

"几年前我们开始举办中外'10+10'对话，由一场变成 2 场、3 场，到 2013 年的 6 场，可见这样的交流具有广阔的市场。"刘伯根认为，从参展的广泛性也可看出，图博会正向大文化交流转变。"从过去仅出版商参加，到后来印刷、数字企业、IT 业、电商、渠道商等相关产业从业者纷至沓来；从过去的作者，到现在的作家、文学艺术家、研究人员等，可以说跟文化有关系的各方面的从业者及关心文化的工作者都来了。"

刘伯根认为，图博会的使命已远远超出对一两本书的宣传，而是展示一个国家、一个民族、一个地区、一个城市的文化、思想、审美观、价值观，进行的是国家整体文化面貌的交流。据悉，本届图博会将推动更多反映中国道路、弘扬中国精神、凝聚中国力量的优秀出版物进入国际出版业视野。

"从各国政府官员，到高端作家学者，越来越多的人走进中国，走进北京。从这个意义上说，图博会已不单是出版行业的交易平台，也是在打造国家之间的文化交流名片。"刘伯根如是说。

三、精心培育系列品牌

务实、实效，是 2013 年图博会各项工作中出现频率最高的词汇。"图博会积累多年，精心培育了众多知名品牌活动。2013 年将继续对系列品牌活动深耕细作，活动的内容更加创新、务实，将吸引更多专业人士关注与参与。"刘伯根表示。

据介绍，除了 2013 北京国际出版论坛、第七届中华图书特殊贡献奖颁奖仪式等重头戏外，组委会还精心设计了几大论坛。2013 BIBF 北京国际版权贸易研讨会，将以版权的价值与责任为主题，探讨版权产业在数字时代的机遇；中英语言教育出版论坛，将邀请中、英两国语言教育及出版领域的出版人、专家学者，共同探讨语言教育及出版领域的热点话题；中国图书馆馆长与国际出版集团 CEO 高层对话论坛，将组织图书馆馆长、采编人员与国内外主要出版商对接。"这一场场高层论坛、一个个热点话题，将从不同视角、不同层面研讨产业发展，促进业界共识，推动交流合作。"刘伯根表示。

刘伯根还告诉记者，图博会的会风也在不断转变。"今年（2013年）的各种活动都将体现党中央提倡节俭办会的要求，清场安检的环节取消了，各类活动会更加体现务实、为民的方针。"据了解，为方便参展人员，组委会出面跟周围酒店谈价格，开出多路长途汽车免费接送参展人员，动员更多志愿者为参展人员服务。

刘伯根：紧跟行业改革大潮★

"我理解，韬奋精神有三点特别值得我们学习：一是坚定的社会责任感和政治意识，二是强烈的职业精神和平民意识，三是灵活的企业家精神和市场意识。"第十二届韬奋出版奖获奖者、中国出版集团公司副总裁刘伯根说，学习韬奋精神就是要坚定信念，为党、为人民、为大局、为社会主义服务，持续传递正能量；不断提高专业出版意识，增强产品的受众接受能力，提高社会效益；不断提高产品营销和企业经营能力。

刘伯根就是这样做的。到 2014 年，他已经在出版业工作了整整 31 年。用他自己的话说，这是践行韬奋精神、紧跟出版业改革大潮的 31 年。参与编辑第一版《中国大百科全书》，参与筹备第一家中央级出版产业集团，推动集团数字化、国际化和兼并重组，刘伯根的这 31 年，过得并不轻松。

★ 第十二届韬奋出版奖获奖者专访，2014 年 10 月 31 日载于《中国新闻出版报》《中国新闻出版网》，记者王玉梅撰文。

做了这么多种工作，编辑出身的刘伯根内心最想干的还是编书，因为"编书可以更切实地体会、了解和分享作者的成果，并且通过自己的手把这一成果传播给社会"。

1983 年，大学毕业的刘伯根因为爱写"豆腐块"被分配到文化部下属的中国大百科全书出版社，一头扎进第一版《中国大百科全书》的编辑工作中。"一般出版社要求三审三校，我们规定要六审八校。几乎每一个学科卷都有一两百位作者，除了写稿，作者还要交叉改稿，不管多大的学者都是自己写稿。编辑也有近 200 位，要分批次不断地开审稿会改稿，一改就是好几个月。"回忆当时的情景，刘伯根一口气说出一大串数字。"那时候，大家以非常虔诚的、对读者极端负责的态度对待《中国大百科全书》编纂工作，每个人都像圣徒一样，现在回想起来，仍然有一种崇高的感觉。"

有一次，大家在讨论一个问题如何改时僵持不下，一位四川的老学者拍着桌子跳了起来：要为纯洁祖国的语言而斗争！"此话一出，大家吓了一跳。但现在回过头来想，这种认真的精神真是非常难得。"刘伯根说。后来，刘伯根又主持了《中国大百科全书（简明版）》的编纂工作。"这是一个很大的锻炼，要把几千个作者、几百个特约编辑组织在一起，为同一部书共同努力。"为了做到心无旁骛，刘伯根和同事们在北京官园找了一个地方专门编书。

中国出版集团 12 年来发展壮大的全过程，刘伯根是直接参与者和见证者。从筹备时"摸着石头过河",到后来经历集团事转企、推动"走出去"、主导中图公司数字化进出口平台打造、负责集团资本运作,刘伯根在建设大型出版集团、促进文化产业发展的道路上越来越有经验。

"我们要用十几年的时间赶上国外几十年发展的进度,只有不停改革,而中国人是最不缺乏改革意识的。"面对未来,刘伯根充满信心。

企业地位与作家作品★

问：请您谈一谈中国出版集团。

答：中国出版集团是中国最具影响力的大众出版和专业出版集团。集团自 2008 年以来，连续六年入选"中国文化企业 30 强"，在全国文化企业中名列前茅；连续两年入选法国《图书周刊》、德国《书业报告》、美国《出版商周刊》、英国《书商》和巴西《出版新闻》等五家国际著名出版媒体联合发布的"全球出版业 50 强排行榜"，2013 年位居第 22，2014 年位居第 14，皆名列国内出版企业之首。

中国出版集团以出版物生产和销售为主业，是集纸质出版、数字出版、版权贸易、图书进出口贸易、印刷复制、信息服务、艺术品经营、科技开发、金融投资于一体的专业化、大型出版集团。目前，中国出版集团公司拥有各级子公司、控股公司等法人企业 96 家，拥有各级各类出版机构 40 家，每年出版图书和音像、

★ 2015 年 9 月 2 日，在参加第 28 届莫斯科国际书展时，接受俄罗斯图书业杂志社记者尤佳的专访。

电子、网络等出版物 1.4 万余种，出版期刊报纸 54 种，出版物在全国零售市场占有率为 7% 左右；每年从事书刊版权贸易 1000 多种，拥有中国最大的出版物进出口企业，每年进出口各类出版物近 40 万种；拥有海外出版社、连锁书店和办事机构 28 家，海外业务遍及 130 多个国家和地区。

问：因为数字技术的发展，全球图书出版都处于时代变换调整之中。您是怎样评价中国的电子书市场？中国的电子书市场是怎样发展的？这样继续发展下去会有什么样的结果？

答：我们发现，虽然出版业的载体在不断改变，但内容居于出版物的核心地位这一点并没有改变，当前出版业仍然是"内容为王"的时代。目前，中国出版集团积极开拓数字出版业务，其中最重要的就是不断加强内容建设，将集团内部丰富、深厚的出版资源与数字化技术结合起来，实现整合发展。此外，中国出版集团也大力推进其他方面的数字化建设，比如集团旗下中译语通公司的"译云"平台，包括了多语言云呼叫中心、视频会议平台、多语言咨询分析管理平台、多语言教育平台等。这代表着语言服务业未来发展的趋势。

问：有哪些世界最畅销的书在中国也受欢迎，哪些中国作家最为著名？

答：随着全球化的发展，中国出版业与世界出版业的沟通交流日趋密切，许多在世界范围内受到广泛欢迎的图书在中国也得到了众多读者喜爱，比如人民文学出版社引进的《哈利·波特》系列，是中国销售最好的文学作品之一。此外，像《剑桥学术前沿丛书》《全球文明史》这些在国外比较热销的图书，在中国也同样得到了读者欢迎。这充分证明了有一些图书，是可以跨越种族、文化之间障碍的，是经得起时间检验的好书。

在中国，这次与我一起来参加莫斯科国际书展的刘震云先生就是中国最好的作家之一，也是中国最能写畅销书的作家之一。还有莫言，他原本就是在中国读者群数量很大的作家，自从拿了诺贝尔文学奖之后，他的作品知名度进一步扩大。其实，有许多作家在中国国内的影响力都很大，比如王树增先生，他是一名军旅作家，他写的《解放战争》《长征》等作品，累计卖了80多万册。最近，他撰写的《抗日战争》刚刚出版上市，已经取得了非常好的销售成绩。

"百科"酿出的职业"百味" ★
——记刘伯根

人生的轨迹有如星光精气，有什么样的分野就造就什么样的格局，有什么样的禀赋就成就什么样的命运。正所谓天地定位，各从其类，各正性命。对此，刘伯根深有体悟。

他少年时喜好文学，青年时在大学学的却是机械设计；毕业时本来有机会到国家安全部门工作，却被文化部门相中从事编辑工作；当他静下心来想努力做一个大编辑、学问家的时候，命运却将他推上了出版集团的管理岗位。当他知道自己获得第十二届韬奋出版奖时，刚过知天命之年不久，对于这份出版职业生涯的最高荣誉，他除了感恩之外，更多的是淡定和沉静。

安徽桐城，自古文风昌盛、英杰代兴，被誉为江淮文化的发祥地和集散地，明清以降更享有"文都"盛名。这里，沉潜着深

★　第十二届韬奋出版奖获奖者小传，作者伍旭升，中国新闻出版传媒商报社社长。载于《迈入出版家行列——韬奋出版奖获奖者小传丛书之二》，线装书局 2016 年版。

厚的文脉基因，也流淌着敦厚的人世义理。楚汉争霸时的范增，唐宋时的曹松、李公麟，明末的方以智，引领清代文坛风气的"桐城派四祖"，康乾盛世时的父子宰相张英、张廷玉，清末京师大学堂首任总教习吴汝纶，以至现代的朱光潜、方东美、严凤英，以及黄镇、章伯钧、慈云桂等等，在桐城人文的历史长河中熠熠生辉。

刘伯根，就是在这样一片神奇瑰丽的沃土中度过了自己的青葱年少时光。在 20 世纪 70 年代的社会背景下，他没有什么条件去探究和浸染乡贤的人文神韵，但在懵懂之中，流淌着对知识和书籍的渴望。什么《三国演义》《水浒传》《薛刚反唐》《三侠五义》乃至医学类的《千金翼方》等等，凡是能找到的书，他都如饥似渴地阅读。在老师长辈的印象里，这是一个爱看书、嗓门大、热心肠、做事麻利、朴实听话的好苗子，从小学到中学都是班干部，高中时，还是校学生会主席。那年头表现好的学生，才有资格在各种大会小会上被安排念报纸，免不了还要抄文章、写读后感。在那个所谓"火红"的年代，这是一种独特的精神激励与能力的历练。少年刘伯根，在内心深处隐隐约约萌芽、拔节着将来当作家、写大文章的志向。

1979 年，17 岁的他以优异成绩考上合肥工业大学机械工程专业。尽管在班上，与那些经历过上山下乡洗礼的"老同学"相比，显得青涩、单纯，但他还是把自己的"业余爱好"发挥得淋漓尽致，写"豆腐块"、编校报，还在《安徽青年报》发表散文。

由于中小学都是班干部，他这个"小同学"，仍被指定为班长。

1978 年 11 月 18 日，在邓小平同志的亲自过问和支持下，中央批准了胡乔木、姜椿芳等人的建议，中国大百科全书出版社在北京成立。此后，文化部出版局等部门从全国各地选拔、抽调一批专业文化干部，组建百科编辑队伍；与此同时，还在全国范围内精心选拔各个专业的大学应届毕业生。这位有着扎实的机械工程专业根底，又醉心于舞文弄墨且小有成绩，还是班干部的年轻人，一眼就被相中。1983 年 8 月的那个仲夏日，天气宜人，刘伯根拿着简单的行李出了北京站，坐着无轨电车穿过长安街、望见天安门，心里与北京的街道一样宽敞明亮。当他走下电车，穿过小路，一脚踏进位于安定门外外馆东街甲 1 号的中国大百科全书出版社时，原先在脑子里预想了多少次的小桥流水、悠然自在的工作场景，却被拥挤、忙碌、琐碎所替代，心里浪漫的憧憬也随之被改写了。

一、成为"百科人"是一生的福分

中国大百科全书出版社是一家新社，但支撑起大百科精神的那些"老人"，血脉里却流淌着最深厚的文人风骨和最深沉的出版情怀。

刘伯根至今还记得刚入职中国大百科全书出版社时的工作证编号是"145"。2003 年，中国大百科全书出版社出版了《中国百科事业 25 年纪念集（1978 ～ 2003）》，他应邀写下了《我是"百科人"》的感念文章。他深情地说，自己是幸运的，在中国大百科全书出版社的这 20 年，"我从学校走向社会，少不更事即问学于百科，学未有成竟逾而立之数，辨尚不足已逮不惑之年。所幸的是，在'百科'这所没有围墙的大学里，我学了，做了，思了，辨了，勉从大道不器，衣带渐宽不悔，在思想深处和行为规范上，都深深烙下了'百科'的印痕。这 20 年对我影响最大。20 年一路走来，我成了地地道道的'百科人'"。从字里行间，我们能感受到他下笔时内心翻涌的强度和人生感喟的热度。

"百味"之一：知无涯，行有品

编辑出版《中国大百科全书》第一版的 15 年（1978 ～ 1993），正是中国改革开放、拨乱反正的再启蒙和狂飙突进的黄金时期。经过"文革"浩劫之后，一大批文化界的名家、学者得到了解放，他们感叹时光空耗、年华徒逝，倍加珍惜工作的机遇、奉献的可贵。

当时，开审稿会是家常便饭。所谓审稿会，是社外的专家和社内的编辑人员一起参加，对一个条目、一组条目乃至一个分支学科进行讨论、修改、定稿。一次审稿会，少则一两周，多则一两月，不管多大的专家、领导，都亲自参加、认真研讨。上至担任总编辑委员会副主任的于光远、卢嘉锡、华罗庚、严济慈、宋时轮、张友渔、陈翰伯、周扬、夏征农、钱学森、姜椿芳、梅益等人，下至 2 万多名专家学者，分成几十个学科、几百个分支学科，分别召开审稿会，历时十几年之久，堪称蔚为大观的知识生产与组装的工程。出版社的编辑参加这样的审稿会，无疑就是参加最高层级的学术研究与交流，自是受益匪浅。

沈鸿，时任机械工业部副部长、中国大百科全书总编辑委员会副主任、《机械工程》卷编辑委员会主任，也照例经常参加审稿会。沈老解放前在上海当学徒工、办过小五金厂，后来奔赴延安，任兵工厂总工程师，是延安时期的老干部、我党兵工事业的开创者之一，解放后长期担任机械工业部门的领导，是我国首台万吨水压机的总设计师。沈老资历老、地位高，但却平易近人、亲力亲为。为了编辑好《机械工程卷》，他自己找来《钱伯斯百科全书》《拉鲁斯大百科全书》《世界大百科事典》《不列颠百科全书》等英、法、日、美各国的百科全书，进行对照分析。有一个细节尤其感染了刘伯根。沈老自学成才，懂得多门外语，而且作风细、专业精，他把十几种世界上主要的百科全书各自的特点、体例、条目分布、篇幅大小等等，均列在一张大图表上一一比对，既精当专业又直观聚焦。刘伯根深受启发，此后30多年来，他也养成了凡做事先充分调研的习惯，勤做笔记，并且图示化、条目化，做到纲目清晰、条理端严，这也成了他独到的工作方法。

"百味"之二：较真，更要较劲

编纂百科一版的年代，没有电脑，没有语料库、数据库，就连基本的图书备查资料也很匮乏。当时每一个学科，每一个条目，都是全国成千上万的顶尖专家、学者，逐条逐句地讨论、争鸣、求真、辨伪，最后统一认识，再一字一句写出来的，堪称绝对的原创、绝对的民主。所以，为一条条目、一个观点、一句表述争得脸红脖子粗的事再平常不过。记得一次开审稿会，一位学者拍案而起，振臂而呼，"我决不妥协，我要为真理而斗争！要为纯洁祖国的语言文字而斗争！"这种为学术而较真的精神，激荡着当时还是年轻编辑的刘伯根的心扉。

26岁时，作为《中国大百科全书·机械工程卷》的学科编辑，刘伯根很快把握了百科全书应当具备的系统性、概括性、权威性和检索性等基本功能。当时，因为时间紧任务重，社外专家无暇撰写各卷都有的《大事年表》，主管的社领导金常政和部门领导冯雪明找到刘伯根，要他来承担《机械工程大事年表》这一任务。这在当时是一个破天荒的决定和极高的信任。刘伯根从《机械工程卷》各分支学科的稿件中，逐一筛选、反复权衡，仔细摘录出各种自己判断的"大事"，然后找来已经出版的各学科卷的相关大事年表，进行比对、平衡，又依据各种专业资料进行核对、增补，之后再广泛向各个分支学科的专家请教、甄别。反复打磨多次，十数易其稿，最终顺利完成了第一份由社内编辑自己编撰的百科分卷《大事年表》，受到了社内外专家和领导的充分肯定。这对于一个刚刚入道的小编辑来说，是一个莫大的鼓舞，从此，刘伯根更有了做编辑的自信和对职业的坚守，在同龄人中也很快脱颖而出。从1983年夏入社到1991年的8年时光，他先后在工程一部、工程部、科技一部、综合部担任编辑，1991 年 6 月，29 岁的他担任了综合百科编辑部的副主任，一年之后，又担任了主任。这在当时的中国大百科全书出版社乃至新闻出版署系统的大社中，都是凤毛麟角的。

"百味"之三：编辑就是知识体系的架构师

做百科的编辑，最大的本事和优势，就是能触类旁通。由此衍生开来，可以说，编辑担当的是知识体系的架构师角色。

从 1991 年开始的七年间，可谓刘伯根编辑职业生涯的黄金时期。他先是中途接手担任《简明中华百科全书》（3 卷，500 万字）的责任编辑，很快又作为《中国大百科全书（简明版）》（12 卷，2000 万字）的主任编辑兼责任编辑，主持了这些国家"六五""七五""八五"重点出版工程的日常编纂工作。在当时，把这样的重担交给刘伯根这样的年轻编辑，是破天荒的极大的信任，对刚届而立之年的刘伯根而言也是极大的挑战和考验。

如果说，《简明中华百科全书》的编撰是从一个"夹生饭"的状况接手的，从指导思想到体例框架、条目编辑几乎是重新翻盖，那么，《中国大百科全书（简明版）》的编纂则貌似简单，实质是新建了一座知识的大厦。1991 年 2 月，中国大百科全书出版社成立了综合百科编辑部，专事"大百科简明版"的编纂工作。1991 年 10 月 4 日，中国大百科全书总编辑委员会副主任梅益、中国大百科全书出版社社长单基夫向总编辑委员会主任胡乔木汇报了编辑出版"大百科简明版"的情况，乔木同志非常高兴，并指示："不能照抄（第一版），在质量上要比一版各卷有所提高才行。"

这是一次完全删繁就简、除旧布新的创新性工作。不仅要对第一版洋洋 74 卷、66 个学科的所有条目进行梳理、取舍、合并、统一、删节、平衡，而且还要根据国际国内新成果、新形势进行大量的增设，以及条头设置、检索方式的国际化、实用化改进。例如，仅仅针对人物内容条目，刘伯根就撰写制订了 1 万多字的设条方案，将人物归纳为 12 大类、85 个中类、100 多个小类、数百个小项。针对以上类项，再分别给出设条标准，或删、或并、或增补，作了较大调整，保证了设条人物的均衡、合理。这样的工作量、这样一种对知识体系的驾驭能力，非十二分功夫、十万分细心是不可能实现的。刘伯根作为主任编辑兼责任编辑，除起草总体规划、编撰计划、条目体例、工作进度等之外，还要负责组织全国各地成百上千的专家，组稿、审稿、编稿、统稿，甚至自己写条目，撰写大百科简明版的前言。刘伯根自己既是责编，又是项目负责人。遇到许多敏感的问题除了要绞尽脑汁、深入钻研之外，还要有高度的政治敏感、大局意识。每个学科、每个条目的稿件他至少要认真通读三遍；所做的人名、地名、组织机构名等等各类卡片，难以计数。

刘伯根领着十几个编辑和几十个特约编辑，在北京官园的一溜平房，一干就是六七个寒暑。1996 年，《简明中华百科全书》

终于面世；紧接着，1997 年《中国大百科全书（简明版）》也按计划顺利出版。原本就清瘦的刘伯根整个人瘦了一圈。

从 1983 年进社到 2001 年，刘伯根作为主要责任人所编辑的出版物，先后有 7 部、共 10 次获得国家图书奖、中国辞书奖、中国图书奖、全国优秀畅销书奖、国家电子出版物奖等国家级奖励。

"百味"之四：走市场，"创"字诀

"大百科"虽然是国家工程，有国家一定的事业经费保障，但它同样经历了中国经济社会从计划经济向市场经济的转变阵痛。在这方面，"百科人"并不学究，更不守旧。刘伯根回忆说，在《中国大百科全书》一版工程完成之后，20 世纪 90 年代之初，社领导就决定大百科社要敢于走市场，要将大部头的学术"百科"变成雅俗共赏的知识"百宝箱"。这个探索创新的任务，又落到了刘伯根等一批年富力强、有想法、冲劲足的大百科社生力军身上。现在提起曾风光一时的《题海丛书》，曾首开风气之先的《计算机知识与技能丛书》，具有市场开创性的畅销书《学生规范字典》《新编小学生系列工具书》等等，许多人并不知道第一个吃螃蟹的人正是刘伯根。那时候，关于策划编辑的名头还没有现在这么响亮、吃香，但是，单看看书名，就可以感知刘伯根和同事们当年驰骋市场的创新意识、创业干劲和创造精神。他先后策划并组织出版了 24 套、100 余种双效益俱佳的图书，像《企业经营管理

手册》《麦肯锡经济管理丛书》《股市三步曲系列》《日本经济小说系列》《美国最富创造力公司之经营妙计丛书》《课堂上的一万个为什么丛书》，等等。其中，《中小学德育读本丛书》《爱护我们的眼睛丛书》销售达 200 余万册，《学生规范字典》出版当年就销售 70 余万册。这些选题，就是放在今天，也会是市场的宠儿。

人生难有几个刻骨铭心的 18 年。在中国大百科全书出版社这个受到邓小平、胡耀邦以及历任党和国家领导人直接关怀和指导的独一无二的大职场，在这个以胡乔木、于光远、严济慈、张友渔、周扬、钱学森、姜椿芳、梅益、徐惟诚等一大批杰出的思想家、学者组成的中国大百科全书总编辑委员会的手把手教导下，与全国数万名顶尖的专家、学者一同工作乃至生活，人生的阅历和心灵的淘濡格外有分量。以致刘伯根在离开中国大百科全书出版社后，还魂牵梦萦，甚至还曾数次动了回炉的念想。

二、笔端激扬出的弘文"大道"

做会议记录、起草章程、宣讲转制、协调关系、组建机构，作为集团筹建发展的亲历者，他先是一个"打杂"的"大秘"，后是一个"一线"的"掌门"，一路走来，有幸贯通并领悟了文化体制改革发展的弘文大道。

"百味"之五：文牍亦可雕文心

2001 年 12 月的一个上午，刚任中国大百科全书出版社副总编辑不久的刘伯根忽然接到时任新闻出版总署副署长杨牧之的"召见"，杨牧之代表上级，通知他参加中国出版集团筹备领导小组的工作。上级明确指示，要求筹备领导小组克服各种困难，积极开展工作，确保集团在 3 个多月的短时间内顺利挂牌成立。

那段时间，可以用没日没夜来形容。筹备领导小组只有杨牧之、聂震宁、宋晓红、王俊国和刘伯根五个人，工作千头万绪，各项工作的紧张、琐碎、繁复可想而知，更大的挑战是，许多工作是刘伯根从未接触过的新领域、新问题。3 个月后，2002 年 4 月 9 日，中国出版集团正式挂牌成立，人还没喘口气，更艰巨的工作又接踵而至。刘伯根不计个人得失，不计名利，服从组织安排，努力开展工作。2003 年 3 月被正式任命为集团秘书长，2004 年 12 月又被任命为集团公司党组成员、副总裁。

说起筹备组的工作，他这个名副其实的"大秘"做得最多的是组织协调和多不胜数的文件起草和会议记录工作。他担任集团转制工作领导小组成员和转制办公室副主任，在集团党组领导下，具体负责集团"转制"工作的组织协调，承担与有关部委的联系、沟通工作。先后参加了中宣部、国家发改委、财政部、国家工商总局、新闻出版总署等部门组织的一系列重要文件——包括国办发〔2003〕105 号文件、〔2004〕国务院 22 号函和发改经体〔2004〕1269 号文件等等的讨论、起草工作，积极参与了文化体制改革的研究和探索。在集团党组领导下，执笔起草了《中国出版集团章程》《集团转制工作方案》《集团公司机构设置方案》《集团公司人力资源管理制度》《集团公司财务管理制度》《集团企业负责人"双效"业绩考核暂行办法》等等一系列基础性文件，并组织讨论和修订。

文件的起草和改革方案的研究，让刘伯根站到了一个全新的高度，得以从更宏观的视角通盘审视文化体制改革、思考出版转企改制过程中的焦点难点问题。这些看似枯燥繁难的文件、方案，激发了他理性探究的热情。他是善于"挤牙膏""挤海绵"的一类人，又有着特别顽强和坚韧的理性钻研"强迫症"。专著《编辑出版论谭》《出版集团战略投资论》，专论《以人为本：人往哪里去，钱从哪里来——文化体制改革中的人事劳资问题》《出版创新的路径与文化软实力的提升》《数字出版产业发展现状及思考》《走向国际市场的五条路径》等几十篇论文，都是他到集团后在"被驱动的主动"状态下"挤"出来的成果。这与他快人快语、利索干练的风格表面上似乎颇不相称，但听他讲话、发言，与他谈心，那种沉稳、理性的烈焰就能映射出来，让人感受到思想的灼热与革新的激情。

"百味"之六：领导就当"亲临""亲自"

《易经》中有一"临"卦，指的就是领导力，讲究的是"至临"。翻译成白话就是领导要善于亲临一线、靠前指挥。

从 2008 年开始，中国出版集团在每年的全国图书交易博览会上主办的"读者大会"，早已升格为国家级项目，成为每年全国书博会的第一品牌活动。"读者大会"是在当时的聂震宁总裁的创意下，由刘伯根亲自操刀组织的。在杨牧之、聂震宁、李朋义等人的主导下，刘伯根还组织实施了出版界的"香山论坛"、中国出版集团的产品线建设、常销书—畅销书"双推计划"，并组织集团内外的几十家出版单位共同出版了《中国文库（第 3 ～ 5 辑，共 300 种）》和《世界历史文库（80 种）》等等，这些都留下了他"亲自操刀"的印记。

粗略算来，刘伯根在中国出版集团组建、发展过程中，身份角色的转换可能是最多的。他历经几任集团领导班子，在主要领导的信赖支持下，组建并分管过集团信息技术部、对外合作部、战略发展部，分管过出版业务部、投资与资产部、办公室、党群工作部等部门，还先后主持组建了中版联印刷物资有限公司、北京商豹天下广告有限公司、中版通（北京）数据信息有限公司、中版国际有限公司、中版置业有限公司等等，涉及多个业务方面的开拓。

服从组织、年富力强、谙熟业务、高效明快、亲和豁达，正是这些品质，为他赢得了集团上下、上级主管部门的首肯。在许多重大项目、重要工作的组织和实施中，刘伯根常常处于"一线"，他看重这个"一线"，也乐于做这个"先锋官"。

在刘伯根的办公桌上看不到什么报刊资料。刘伯根解释说，他都拿到车上了，通常是在回家的车上或者回到家里再阅读。

　　坦率地说，与看轻松些的休闲读物相比，这种状态并不愉悦。刘伯根说。在忙完一天的各种工作之后，回到家通常已经精疲力竭。在夜深人静时分，思考、钻研枯燥的理论、战略问题，是在耗脑汁，很劳神。但他心里有一种凡事都必须琢磨透的责任感，是一种倒逼的驱动力。他很认同中国出版集团总裁谭跃说的一句话：做领导，行使领导权，不是靠权力领导，而是靠思想领导，就是思想立意要比别人高。这就要事先掌握、研判大势。靠前指挥，就是要站得高、看得清；这个"前"，除了前线，更重要的是前瞻。对此，刘伯根感触良深。

三、中图"转型"的艺术

　　领导是门艺术，到一个发展处于拐点的大单位做领导更是如此。这个艺术不是讲心机，更不是玩暧昧，而是谋战略，绘蓝图，聚人心。刘伯根用自己的坦荡和从容，在两年多的时间里推动了中图的"转型"和大发展。

"百味"之七：战略条目化 = 改革方程式

　　2013 年 8 月 28 日一早，刘伯根从京西的北京复兴医院出来，揉了揉沉重的眼皮，拖着疲乏的身子，匆匆赶往东五环外的北京顺义新国展。这一天，第 20 届北京国际图书博览会开幕，中国图书进出口（集团）总公司国际数字资源交易与服务平台——"易阅通"也正式上线启动。作为主事人，他不能缺席。已经有一周多，他白天忙着筹备北京国际图书博览会和"易阅通"上线的一应大小事宜，晚上则赶往医院，看护患病多年又忽然住院的老岳父。

说起中图和"易阅通"，还要倒推到2012年年初。一天，中国出版集团公司主要领导找刘伯根谈话，希望他到集团所属的中国图书进出口（集团）总公司去兼任总经理，同时还分管中版集团公司的投资和资产经营工作。这让他很是愕然，多少有些纠结和顾虑。但在短暂的思考后，他还是接受了班子的决定，迅速进入了新的工作角色。

2012年前后，依然风光的中图总公司却悄悄面临着前所未有的震荡和危机。年营业收入23亿多元的盘子，支撑着中版集团的半壁江山，下属机构43家，其中港台及海外机构就有26家，从事着全国最大的出版物进出口、会展、金融、房产经营等业务。但受到数字化、国际化、市场化冲击，中图主业面临严峻的挑战：传统纸质进口业务下滑；传统出口业务长期潜亏；数字产品进口份额较小，错失了先发良机，导致失去行业领先地位；而曾经作为重要补充的金融投资业务也急速萎缩。中图在进出口行业的龙头地位受到威胁，部分职工甚至领导班子成员都感到前景黯淡。中版集团主要领导敏锐地意识到问题的严峻性，审时度势，做出了让刘伯根出掌中图的出人意料的战略决策。

那一阵，他的烟抽得更凶了。置身在烟雾缭绕之中，大脑却沉潜在中图总公司二十几亿盘子的每一个业务枝节之中，他要迅速梳理出态与势、危与机、问与策、破与立等等繁复交织的关系项，号准显与隐的病灶，最重要的是快速、果决地拿出举措方略，而且还要在剩下的多半年时间内当年就见实效！这就是他雷厉风行又用心谋断的行事风格。

他首先要做的是找人谈话、深入调研。但是，他白天要签发每一笔进出口业务单据，确保日常工作照常运转，有时还不得不接待各种上访，甚至处理一些挠头事、烦心事，只有见缝插针找班子成员、中层干部、职工代表、离退休老同志谈心、摸底、问计。而且是，找一个人谈，就谈透一片业务板块、聊透一处累积的问题。他一边倾听，一边记录，一边思忖，常常到了晚上九十点钟才回到家，又逼着自己不管如何疲惫，都要及时把白天的所记所思一点不漏地整理出来、复盘拼接成一个大棋局，找到其中的逻辑关联、命门所在。说起那段超级紧张的日子，刘伯根说，常常熬到后半夜，第二天一大早又要起床赶到班上。身体负荷大，但脑子很亢奋，思想很清醒。

3个多月下来，谈了五六十人，还抽空钻研进出口业务和国际化、数字化方面的业务知识，研究其发展趋势。此时，多年练就的"百科"条目化层层架构又层层缕析的思维导图法派上了用场。他喜欢用16开本的特别大、特别厚的自制笔记本，可以把所有的信马由缰的思绪敏捷地捕捉住，再一目了然地排列组合出来。他做了厚厚一沓关于中图公司的问题条目分解图示，再由每个问题"条目"架构出相应的战略导引。3个月下来，他的心里豁亮了。

他从中国出版集团的顶层设计思考中图总公司的未来图景，明确了中版集团要成为国际著名出版集团必须实现从全国性企业（集团）——国际化企业（集团）——跨国企业（集团）的跨越与升级，而中图总公司则是其中最重要的战略抓手，又最有条件实现这一目标。对于中图总公司，其逻辑要点应当落在从以前的产品供应商向着综合信息服务商的战略转型上来。为此，首当其冲的是要紧紧扭住数字化、国际化的牛鼻子，并由此支撑和拓展多样化、专业化、规模化。这个"五化"定位一旦确立，随后的六大发展战略、十一项重大工程和九大保障措施也就如串珠落玉盘一般利落。刘伯根在笔记本上洒脱地写下"56119"几个数字，站起身，数个月来第一次舒畅地呼出了一口长气。

7月份，他五易其稿，拿出了亲自撰写的"中国图书进出口（集团）总公司改革发展思路"，洋洋2万言，就像一份应标书一样规范、面面俱到。之后又几次公开征求意见，共七易其稿，最终形成了中图转型中兴的纲领性文件。

从8月到12月，大刀阔斧的机构改革、干部竞聘、业务重组有力铺开，相应的制度创新、规章修订、机制建设同步推进。中图总公司上上下下，沉浸在一种前所未有的快节奏、大调整又聚心气、高成长的改革发展氛围之中。

"百味"之八:改革改的是人心,革的是绩效

当时,提出中图的总体改革思路没有遇到什么阻力,因为大家都意识到面临的危机,必须转型、改革。但究竟怎么改?大家有分歧,也有担心,更有观望。例如,以前有过竞聘的传统,但长期没有接续了;激励机制虽然也有,但很不平衡,也需要革新。刘伯根还是当年的那股子虎劲儿,上来就从强化绩效考核体系入手,重新洗牌、重新竞聘,把奖惩机制兑现到每个部门的每个人。有一个重要的业务部门,乍一看整体绩效不错,但却是业务不错下的大锅饭体制。有人担心改了会引起业务的震荡,但刘伯根很坚决,把绩效考核分解到每个业务员头上,压力增大了,绩效却得到了更大的提升。2012 年当年,中图业务止滑企稳回升,进出口等主营业务上升到 28 多亿元,增加了 5 个多亿。

到 2013 年 3 月,刘伯根到任整整一年之时,从总公司开始自上而下全覆盖,启动了第二批干部竞聘。前后两批,重新聘任了总公司中层管理人员 42 人、科级管理人员 98 人;调整补充各子公司和海外机构的领导班子,重新聘任 31 人,其中调整了 7 个子公司的主要负责人。竞聘答辩前,对总部几十个竞聘者的人事档案,刘伯根是一一认真地研究琢磨了一遍,还找了不少人,通过聊天不经意地悄悄摸底考察。他不想也不能像别人通常所做的那样,在答辩会上临时考察、现场发挥。虽然提前多费了很大的劲,但心里先有了数,答辩时又做了补强式求证,确保了走上各个新的领导岗位的人选,是能干事、群众基础好、能够领会新

的战略意图的得力骨干。如此大面积的大盘整，居然没有什么反弹，不能不说是一个"奇迹"。随后，"干部梯队建设计划""员工成长计划""员工收入增长计划"同步实施，为加快转型发展提供了制度和机制保障。

战略转型的目标明确了，人的问题也解决了，布局和拓展就有了坚强的支撑。比如原先只有3人的计算机部，对外招兵买马、强力扩容到80多人的数字中心，数字化转型的代表作——易阅通（CNPeReading）也由此应运而生。此前，中图公司进出口的数字化产品收益只有1亿元，仅占国内行业的1/10，而且差距还可能扩大。一番调研后，刘伯根主导中图领导班子做出决定，与其买卖报刊数字产品，不如将资源汇集到一个大平台上，以资源聚集后来居上！主意一定，贵在神速！不到一年的时间，中图与威利、威科、爱思唯尔、施普林格、法律出版社等国内外近百家出版商和渠道商完成签约，一下聚合了170万种电子书和数字期刊，打通了海内外4万多家图书馆和几百万个人用户的营销渠道，实现了数字化转型和运营模式的巨大突破。2013年8月底的北京国际图书博览会上，易阅通强势上线。到2013年年底，实现数字化收益4亿元；2014年年底，实现数字化收益6亿元，在伦敦、美国等西方本土市场迅速铺开了新的业务。

与此同时，会展的系列化也渐次开发。在成功举办北京国际图书博览会以及十几个海外书展的基础上，开拓承办了首届中国（武汉）期刊交易博览会、国际动漫博览会（北京）等新展会，实现了由办展为进出口主业服务向办展本身就是主业之一的突破。2013 年 BIBF 参展国家和地区达到 76 个，海外展商增加 8%，版权贸易达到 3667 项、同比增长 11.2%，其中输出版权达到 2091 项、同比增长 12%。BIBF 已经名副其实跃居世界第二大书展。

海外机构的实体化稳步推进。发挥中图 29 家海外机构的独特优势，通过实施"中国出版国际营销工程"，做到海外巡展经常化，在印度、阿联酋、巴西等"三南一中"地区也开拓了新业务。

在配合主业的资产经营与资本运作方面，投资成立了"中图数字印刷（北京）有限公司""湖北中图长江文化会展有限公司"等，加强了战略投资、资本运作、数字产业园建设。

从 2012 年 3 月到 2014 年 7 月，两年多的时间，一个崭新的中图总公司就重新卓立在国内外同行面前，令人刮目相看！最有力的证据当然是一串串耀眼的业绩。仅看营业收入一项，2011 年中图总营业收入 23 亿元，2012 年达到 28 亿元，2013 年跃升到 39 亿元，2014 年又迈过 40 亿元大关，达到 43 亿元，中图总公司也获得了中国出版界的最高奖项——第三届中国出版政府奖先进单位奖。

作为集团领导兼任下属单位的负责人，这种情形似乎并不多。但对一个人的领导艺术却是一份独特的体验和升华。用刘伯根的话比喻，到中图的两年多，是自己人生中一个值得玩味的履历，像中图这样一个业态多元、涉及国际国内、集团中又套小集团的大单位，他不能站在最前面冲锋陷阵，也不能裹挟在队伍中间、随大部队行动，而只能站在雄壮的队列后面并保持一定距离，才能看清行动的方向，把握战略的主动。

2014 年 7 月之后，刘伯根回到了中版集团。此后，对他的分工又做了新的调整，一切仿佛又归于原点。忙碌、思索、沉潜，周而复始，他还是他，只不过，内心多了几分厚实的坦然。他从事编辑出版与管理工作 32 年，可谓其时也久，成名也早：37 岁即被评聘为"编审"职称；38 岁被国务院授予"全国先进工作者"；39 岁获得国务院"政府特殊津贴"，同年担任国家级出版社的副总编辑；40 岁参与筹备中国出版集团并担任秘书长，同年当选为中共十六大代表；42 岁担任中国出版集团公司党组成员、副总裁。可以说，他在 40 岁前后，已经享有了出版人的许多"盛名"。但他却没有为名所累、故步自封，而是继续孜孜矻矻，默默奉献，一干又是十多个春秋。作为毕生追求文以载道的出版人，对于人生价值的求索与实现，他早已有了定力，心里有如明镜一般透亮。

时代需要文化定力和张力★

读《"百科"酿出的职业"百味"——记刘伯根》有感

伯根同志是我多年相交相熟的同事和朋友。他在编辑出版行业与管理岗位耕耘奉献了 32 年，获得韬奋出版奖，可谓实至名归，我为他感到高兴。

说相交相熟是我们相识较早，从他在中国大百科全书出版社工作，承担若干国家重点工程如《中国大百科全书（简明版）》《简明中华百科全书》起，到一同筹建中国出版集团及之后同在一个班子里工作的那些令人怀念的岁月，伯根都给我留下了深刻的印象。读了《"百科"酿出的职业"百味"——记刘伯根》一文，往事一一在目，岁月让人感怀。

伯根同志对编辑业务有着强烈的职业自觉和高度的职业自律，他肯钻研，善思考，有办法，讲方法。从一线的学科编辑做起，凭着扎实的专业功底和刻苦认真的职业态度，很快在同龄人

★　第十二届韬奋出版奖获奖者小传之述评，作者杨牧之，新闻出版总署原副署长，中国出版集团公司原党组书记、总裁，《中国大百科全书》执行总主编，著名出版家、作家。载于《迈入出版家行列——韬奋出版奖获奖者小传丛书之二》，线装书局 2016 年版。

中脱颖而出，担纲了许多重大出版工程，并获得了不少国家级大奖，是改革开放后成长起来的优秀的职业出版人。

伯根同志对出版事业有着敏锐的职业洞察力和奋力追求的职业魄力。早在 20 世纪 90 年代初期，他就展现了面向市场策划双效选题的出众能力，开发了一批市场畅销的计算机普及读物、中小学生工具书、通识读本，以及特色教辅读物，是最早一批勇于"吃螃蟹"的出版营销专门人才。

伯根同志对出版管理也有着有效的职业驾驭能力和出色的职业理念。不论是他在中国大百科全书出版社时，组织全国成百上千专家，编辑一系列的"百科"工程，还是在中国出版集团组建、转制、改革、发展进程中，抑或是临阵受命，谋划、推进中国图书进出口（集团）总公司的改革转型，都体现出他对复杂的流程、繁难的局面的优秀的组织和协调能力。他对管理工作中所遇到的问题、难题，潜心钻研，认真做出理性的研判。在紧张的编辑和管理工作之余，撰写了像《以人为本：人往哪里去，钱从哪里来——文化体制改革中的人事劳资问题》等几十篇很有分量的理论分析文章，以及《出版集团战略投资论》等有开创意义的专著。这些都是他实践、思考，再实践、再思考的产物。

邹韬奋先生的名字取"韬光养晦"和"奋斗"之意吧？以此对照伯根同志的职业生涯与职业追求，我个人感到，伯根同志是符合韬奋精神内蕴的。他对编辑出版事业有着深深的挚爱，勇于担当，全心投入，特别是在组织需要的时候，他能不计个人得失，有一股子舍我其谁的激情、使命感和责任心，这尤其让我印象深刻、感染至深。

编辑出版事业是一份需要耐心、沉得下心、经得住诱惑的后台工作。它培育了鲜花，又去栽种新的鲜花；它托起了光彩，又去为读者、为作者琢磨更多的光彩。在市场经济的大潮中，出版事业不可避免地被笼罩在商业的气息里，编辑职业也被各种诱惑所左右，定力就成了一个人品质、品位的度量衡。出版人要有执著于文化的定力，当然，还要有盘活文化的张力。一个定力，一个张力，或许可以作为韬奋精神的时代注脚吧。